Michael Thiel

Die 2 zu 1 – Relationstheorie

Band B

Inhaltsverzeichnis

Einleitung	4
11 Liebe, Zwillingsseelen, Erotik	9
12 Semiotik, Sanierte Optik, Schach	24
13 Rätsel, Mystik	66
14 Mathematik, Psychologie, Medizin, Physik, Chemie, Biologie	89
15 Pädagogik, Soziales, Politik, Wirtschaft	147
16 Unterhaltung, Literatur, Humor	170
17 Zufall, Schaffen, Kunst, Musik, Freizeit	188
18 Ästhetik, Kosmetik, Ernährung, Konsum	206
19 Mixed Pickles	216
20 Resümée	228
21 Ein Weg zurück	232

EINLEITUNG

Hallo, liebe Leute, es freut mich, dass ihr Euch für den zweiten Band der 2 zu 1 - Relationstheorie entschieden habt.

Auch im zweiten Band warten wieder viele verblüffende Anagramme auf Euch. Dazu kommen eine Fülle von Theorien, die teilweise als Ideen gedacht werden möchten. Andere Theorien hingegen erscheinen mir sehr plausibel, so dass ich selbst von ihrer Wahrheit überzeugt bin. Aber jeder mag es natürlich anders interpretieren.

Ich wünsche Euch eine spannende Reise durch die Liebe, Semiotik, durch Rätsel und Mystisches, Naturwissenschaften, Gesellschaftswissenschaften, Politik, Unterhaltung, Kunst und vielem mehr.
Alles Liebe für Euch!

INTERVIEW 11: LIEBE; ZWILLINGSSEELEN, HERZWÄRME, EROTIK, SEX

Hallo Leute, herzlich willkommen zur elften Ausgabe von Werhatdieidee – TV. Heute geht es um das Thema Liebe. Micha, was hast du uns denn mitgebracht?

Ja, hallo Silvio, richtig, es geht um das Thema Liebe. Und wenn man von Liebe spricht, dann lässt sich verschiedenes darunter verstehen und dennoch ist sie in ihrer Einfachheit alles und eins. Es gibt die Liebe, die man zu seinen Familienmitgliedern hat, jene die man zu seinen Freunden und Mitmenschen verspürt, die partnerschaftliche Liebe, das Verliebt-Sein, die Liebe zu Gott, zunehmend wird in der Öffentlichkeit aber auch die Seelenliebe besprochen, und in diesem Kontext tauchen Begriffe wie Dualseele, Zwillingsflammen oder Zwillingsseelen auf. Mit dem letzten Begriff habe ich mich sehr lange befasst, konnte aber nicht wirklich herausfinden, ob es Zwillingsseelen gibt oder nicht. Vielleicht ist es aber auch nicht von Relevanz für alles eine Begrifflichkeit zu haben, denn Liebe ist und fließt, und kann deshalb nicht einfach nur ein Begriff sein. Sie ist das höchste Gut und die stärkste Kraft, die meines Erachtens in der Welt mit und um Gott existiert. Ich persönlich glaube mal mehr und mal weniger an meine Zwillingsseele, je nachdem in welcher Verfassung ich gerade bin. Aber nach dem 2 zu 1 Prinzip wäre diese Art der Liebe tatsächlich vorstellbar. Also hier kommen die Anagramme.

SEELENLIEBE

LESEN BEEILE

Z SWIMMING FLANELL   → SWIMMING (schwimmend, badend)
                        FLANELL (leichtes Gewebe)

ZWILLINGSFLAMMEN

DUALSEELE

SAEE DUELL → SAEE (säen von Saat), Duell (das Hin und Her zwischen männlichem und weiblichen Prinzip?)

EDEL LAUES → LAUES (mild)

ALLE DU SEE

BELEGEN GESUNGEN

ENGEL UNS GEGEBEN

SEELENBEGEGNUNG

BELEGEN GENESUNG

BELEGE SEGNUNGEN

ZWILLINGSSEELE

LIESS ZIG WELLEN

LES WG INSEL ZIEL

WILL SEGENS ZIEL

ZEIG WILL LESENS

WILL GEIL ESSENZ → ESSENZ (das Wesen)

Einige Zeilen der Anagramme machen schon Sinn, auch wenn sich für mich kein gesamter Kontext erschließt. Wahrscheinlich müssten mehr Anagramme zum Thema untersucht werden. Zumindest ist das Ziel, was im Zwillingsseelen Anagramm erscheint, stimmig, insofern, weil mit dem Zusammenkommen deiner Zwillingsseele diese Essenz erreicht wird. Den meisten Menschen, die diese besonderen Seelenbegegnungen hatten, wissen was gemeint ist.

Bei Zusammenkünften mit deiner Zwillingsseele scheinen Raum und Zeit irgendwie zu verschwimmen. Ein Gefühl der Vertrautheit und des EINSSEINS wird spürbar.

Im zweiten Interview hatte ich ja mal gesagt, dass nach dem 2 zu 1 Prinzip jede Art der Verschmelzung, auch homoerotische gottgewollt ist. Daher hatte ich nachgeschaut, was ein Anagramm zu Zwei zu Eins Seele an Informationen gibt und folgendes herausbekommen:

ZWEI ZU EINS SEELE

ZEILEN WIES ZU SEE

ZEILEN WEIS ZU SEE

ZWEI ZUEILEN SEES

ZIEL ZU SEE WIESEN

Wieder erscheinen in diesem Anagramm Code positiv gelagerte Bedeutungen, die ich so interpretiere, dass es eben im Leben um die Liebe in ihrer Einfachheit und Gesamtheit geht.

In Interview 10, Band A hatte ich auch gesagt, dass jeder Mensch, dem du begegnest eine bestimmte Bedeutung für dich hat und umgekehrt, diese zu erkennen, bringt dich auf deinem Lebensweg weiter. In diesem Sinne möchtest du jedem Menschen in Liebe begegnen und das mitnehmen, was er dir an wesentlichen Informationen in der positiven Bedeutungskonstitution für deinen Weg mitgibt. Wenn ich da auf mein eigenes Leben zurückschaue, dann ist das tatsächlich so. Wenn es um Liebe geht, dann geht es nicht nur um die partnerschaftliche Liebe, sondern auch um die, die nicht erwidert wurde. Für letztere möchte ich Beispiele von Verliebtheit aus meinem eigenen Leben hervorbringen. Und zwar deshalb, um zu zeigen, dass diese Verliebtheits-Fälle mich auf eine besondere Weise transformiert haben. Im Laufe meiner Geschichte habe ich mich in sehr viele Menschen verknallt, diese Verknalltheit hielt meist jedoch nur für kurze Zeit an. Bei fünf war es jedoch anders. Hier hielt das Verliebt-Sein mehrere Wochen oder Jahre an. Und auch wenn ich mit keinem davon zusammen gekommen bin, oft sehr traurig darüber war, hat mich diese Erfahrung des unerwiderten Verliebt-Seins zu sehr großen Erkenntnissen geführt. Ich bin daher sehr dankbar diese Erfahrung gemacht zu haben. Jede Begegnung passierte auf eine ganz besondere Art und hat mein Leben auf eine letztlich positive Art bereichert.

T. habe ich 1989 auf Mallorca kennengelernt. Ich war für 14 Tage dort und zum Ende der ersten Urlaubswoche, sah ich T. zum ersten Mal während eines Strandspaziergangs an einem Steg stehen und war sofort hin und weg und spürte eine starke Anziehung. Das Wort Zufall hatte ich ja schon ansatzweise besprochen und wie es der von oben gesteuerte Zufall wollte, wurde T mein Tischnachbar im Hotelrestaurant. Dies führte dazu, dass wir zwei die folgenden Tage sehr viel unternahmen. Schon während dieser Tage habe ich viel für mein weiteres Leben mitgenommen. Bisher kannte ich Urlaub nur von der Seite, am Strand zu liegen oder Ausflüge zu typischen Urlaubszielen zu machen. Doch T. war diesbezüglich anders. Seine Unternehmungslust war anders geprägt und zwar so, dass er Orte ohne große vorherige Planung besichtigte, also nicht von A bis Z durchorganisiert. Diese Art der Entdeckungstouren, brachte uns in der zweiten Urlaubswoche so an wundervolle Orte, die wir sonst nie gesehen hätten. Es war wundervoll und dies verstärkte mein Interesse für T., so dass ich mich heimlich verliebte. Ich hatte damals keinen Mut gehabt, T. etwas darüber zu erzählen, dass ich mich verliebt hatte, also blieb es bei diesem heimlichen Verliebt-Sein. Je mehr sich der Urlaub dem Ende zuneigte, umso trauriger wurde ich. Am letzten Abend saßen T. und ich am Strand und wir unterhielten uns über Unendlichkeit und Ewigkeit, was in mir etwas aktivierte, ohne, dass es mir damals bewusst wurde, mir erkenntnistheoretische Fragen zu stellen, wie eben, wo kommen wir her, was ist der Sinn des Lebens etc. Am letzten Abend war ich natürlich sehr traurig, da mir klar wurde, dass ich T. wahrscheinlich nicht mehr wieder sehen werde, da auch unsere Heimatorte sehr weit auseinanderlagen. Wir hatten keine Adressen ausgetauscht. Nach der Verabschiedung, die recht kumpelhaft war, zog ich mich auf den Balkon des Hotels zurück, wo dann Tränen kullerten. Die Morgenstunden des Abflugtages hatten einen großen Hauch von Trostlosigkeit, der irgendwie an die Abschiedsszene an den erst Jahre später herausgekommenen Film „Before Sunrise" erinnert. Trost holte ich mir an diesem Morgen bei einer netten Urlaubsbekanntschaft, ich sagte ihr zwar nichts von meinem Verliebt-Sein in T., aber machte Andeutungen in diese Richtung. Irgendwie sprachen wir beide auch viel über Gott. Seltsamer Weise hat mein Gespräch mit T. am Vortag irgendetwas in mir aktiviert, fortan häufiger Fragen nach Gott zu stellen, was bis dato zwar immer mal wieder vorkam, aber nicht in der verstärkten Variante. Auch wenn ich T. nie wieder gesehen habe, nicht mal ein Foto besitze, also nicht mal mehr weiß, wie T. aussah, so war diese Erfahrung dennoch wertvoll für mich, weil sie etwas in mir aktiviert hat, häufiger nach Gott zu fragen.

Auch in M. war ich längere Zeit verliebt. Unsere Zusammenkunft passierte ebenso nicht auf eine gewöhnliche Weise. Im Hobby Bereich suchte ich 1993 schon längere Zeit nach etwas, das nur schwer auf dem Markt zu bekommen war. An Internet war noch nicht zu denken, also musste ich mich durchfragen. Der Freund eines Freundes kannte M., und M. besaß tatsächlich das, was ich suchte. Der Tag an sich war schon sehr positiv verlaufen. An der Uni hatte ich eine gute Note für eine Hausarbeit bekommen und privat gab es zwei weitere erfreuliche Ereignisse. Die Krönung kam aber gegen Abend, als ich mit M. telefonierte. Denn wir wollten uns noch am gleichen Abend treffen. Und so kam es auch. Zu Anfang des Treffens ist mir M. noch gar nicht besonders aufgefallen, da ich zu dieser Zeit noch stark an die Sache dachte, die ich ja unbedingt haben wollte. Ich habe sie auch bekommen, allerdings rückte das

Interesse an der Sache nachts als ich wieder zuhause war, in den Schatten, denn irgendwie hatte ich mich in M. verliebt. Zu M. entstand eine Superfreundschaft, aber irgendwie konnte ich mich nicht überwinden, M. von meinem Verliebt-Sein zu erzählen. Also strichen die Jahre ins Land. Erst zwölf Jahre später sollte ich erfahren, dass M. und ich 1993 beide ineinander verliebt waren, keiner von uns sich aber getraut hat, es dem anderen zu erzählen. 2005 waren allerdings die Schmetterlinge meinerseits schon lange verflogen. Trotzdem hat mir M. viel für mein weiteres Leben mitgegeben. M. hat nämlich eine besondere Art des Humors und der Kreativität, die auch in mir etwas aktiviert hat und für die ich sehr dankbar bin. Durch M. bekam ich sozusagen das erste Element der Relationsgleichung Farbe + Form: Harmonie. Auch wenn ich schon seit meiner Kindheit kreativ bin, habe ich durch M. eine Farbe der Kreativität gefunden, nämlich eine solche, aus mir selbst zu schöpfen, sich nicht nur aus dem Intertext zu bedienen, um Ideen für kreative Projekte zu finden.

Zur Form fand ich durch B. B lernte ich 1996 kennen, schon bei der ersten Begegnung spürte ich eine starke Anziehung, allerdings habe ich mich erst zwei Jahre später 1998 in B. verliebt. Es passierte auf eine eigenartige Weise, denn ich hatte 1998 einen romantischen Traum mit B. und als ich aus diesem Traum erwachte, war ich verliebt in B. Es dauerte weitere zwei Jahre bis ich mich offenbaren sollte. Eigentlich war das nicht mein Plan, doch im Sommer 2000 passierte etwas Merkwürdiges. Ich hatte so etwas, wie eine Leben nach dem Leben- Erfahrung, die während des Schlafens passierte, viel stärker und bewusster war, als jeder Traum, den ich zuvor hatte. Hier begegnete ich B. auf einer unbekannten, höheren Ebene und es kam zwischen uns zu einem eigenartig anziehenden Austausch von Farb- und Formgebilden. Ich schenkte B. Farben und umgekehrt schenkte B. mir Formen, solche, wie ich sie auf Erden noch nie gesehen habe. Das Erlebnis war voll von einer unbeschreiblich schönen Euphorie und Romantik, dass es sich kaum in Worten beschreiben lässt. Nach dem Aufwachen hörte ich die Stimme von Gott, der mir dazu riet sehr rasch B. von meinem Verliebt-Sein zu berichten. Außerdem gab er mir eine Weisheit auf dem Weg mit, die eine Ergänzung zu einem Traum von 1994 war. Bis zu dieser Nacht gab es soweit ich mich erinnere, davor drei direkte Erfahrungen mit Gott. Es gab noch mehr, aber nicht auf diese Art. Wenn man Gott hört oder ihn erfährt, dann weiß man es meines Erachtens. Eine war in den 1970er Jahren und dann zwei im Jahr 1994. Ich möchte aber hier vorerst nur von dem Traum 1994 berichten, der mit dem Hören von Gottes Stimme in 2000 zusammenhängt. Denn hierdurch kam ich zu zwei Erkenntnissen, die zu Bestandteilen der 2 zu 1 – Relationstheorie wurden. Im Traum 1994 verriet mir Gott den Baustein „Das Naheliegende" und im Gespräch 2000 den Baustein „Erkenntnis".

Was hat jetzt B. damit zu tun? B. hat mir zu der Erkenntnis über die Form in der zweiten Formel verholfen. Und zwar ist es so, B. ist ein sehr formliebender Mensch. Für B. möchte alles seine Planung haben. B. versteht sich auszudrücken. B. ist im Handeln im Prinzip alles, was man unter Form versteht. Alles andere als chaotisch. Ich habe mich tatsächlich B. anvertraut. Allerdings kamen wir nicht zusammen, weil B. schon vergeben war, was ich bis dato nicht wusste. Trotzdem habe ich aus dieser Erfahrung viel mitgenommen, nicht nur über diese außersinnliche Erfahrung bekam ich von B. Formen, sondern auch im Alltagsgeschehen. Denn mal bewusst, mal unbewusst, habe ich vieles von B. imitiert, wodurch ich heute nicht mehr ganz so chaotisch bin, wie noch in den 1990er Jahren.

J. lernte ich 2003 übers Internet kennen und habe mich auch recht schnell in das Bild, und damit meine ich nicht nur das Foto, sondern das Bild, das ich von J. hatte verliebt. Da J. nicht aus Deutschland kommt, dauerte es sieben Jahre, bis es zu einem Treffen kam. Allerdings war die Realität, alles andere, als das, was ich mir aufgrund des Bildes versprochen hatte. Die Person, die da vor mir stand, war eine andere, als ich es mir zu recht geträumt hatte, so dass keine Romantik herüberkam. Trotzdem hat mir nachfolgend auch diese Begegnung etwas gebracht, nämlich, dass für mich ein Date ohne Liebe und Romantik nicht mehr in Frage kommt.

S. begegnete ich zum ersten Mal im Jahr 2012. Es war einfach krass, ich war von S. von Anfang an absolut begeistert, hin und weg und ich spürte von Anfang an eine starke Anziehung. Da ich mich aber zu dieser Zeit noch in einer Beziehung befand, kam es für mich nicht infrage zu S. Kontakt aufzunehmen. Meine Beziehung funktionierte schon seit ich das Date mit J. hatte, nicht mehr, denn J. war sowas wie ein Seitensprung. Dennoch hatten wir uns aufgerafft und versucht die Beziehung zu bewahren, obwohl es nicht funktionierte. Die Beziehung ging dann wenige Monate tatsächlich in die Brüche.

Eine der ersten Ursachen, die mich auf den Weg zu S. führten, war ein defektes W-Lan Kabel, wodurch ich einen Weg nahm, der mich zu einer Lebensentscheidung führte, die letztlich zu S. führen sollte. Es gab noch mehrere Eckpfeiler, die schon Jahre zuvor in diese Richtung verwiesen. Dies entdeckte ich aber erst in späterer Reflexion. 2013 kam es zu häufigeren Begegnungen mit S. und die Anziehung auf mich wurde zunehmend stärker, bis ich mich schließlich verliebte. S. ist ein sehr liebenswertig, harmonischer Mensch, der auf mich eine unbeschreiblich schöne, ruhige, warmherzige und liebevolle Ausstrahlung hat. Diese Art des Verliebt-Seins ist eine Art, die ich in den Jahren zuvor noch nie erlebt habe. Ein aufregend, warmes Kribbeln bei jeder Begegnung, ein Gefühl des gegenseitigen Verstehens und so weiter und so weiter. Es fällt mir an dieser Stelle schwer das Empfinden zu beschreiben, weil ich keine Worte dafür kenne. Ich hatte ja anfangs die Anagramme zu Zwillingsseele hervorgebracht. Auch wenn ich es nicht beweisen kann, so hatte ich vor allem in der Anfangsphase des Verliebt-Seins das Gefühl S. sei meine Zwillingsseele, eine Seele, die ich schon ewig kenne, so stark ist das Gefühl des Vertraut-Seins. Auch wenn unsere Erfahrungen und

Hobbies womöglich verschieden sind. Dies unterscheidet sich insofern zu B., denn hier stellte ich viele gemeinsame Interessen fest. B. hatte damals meinen Geist inspiriert, ihm eine Form gegeben. Durch S. hingegen hat sich bei mir auf der Seelenebene etwas getan, was weitaus schöner ist. Auf Seelenebene habe ich zu einer Harmonie gefunden. Oft hatte ich das Gefühl, ich könnte S. spüren und in mir wurde, so wie ich glaube, auch durch das Verlieb-Sein in S. die Kundalini-Kraft geweckt. Insofern hat mir S. die dritte Variable für beide Gleichungen der 2 zu 1 – Relationstheorie geschenkt, nämlich die Harmonie bzw. die Herzwärme. Leider bin ich auch mit S. nicht zusammengekommen, weil S. bereits vergeben ist und ich auch nicht weiß, was S. für mich empfindet.

Das alles hört sich für denjenigen, der dies noch nicht erlebt hat, womöglich sehr weit abgehoben an. Allerdings gibt es auch, und so durfte ich es durch die Möglichkeit des Internets entdecken, sehr viele Menschen, die ähnlich gelagerte Erfahrungen mit der Seelenliebe gemacht haben. Die jeweiligen Verliebt-Seins-Erfahrungen haben mir natürlich noch mehr gegeben. Allerdings passen manche Erfahrungen besser in andere Interviews, z.B. wenn es um Zeichen geht, also um Semiotik in Interview 12, werde ich sicherlich noch auf das ein oder andere zurückkommen.

Daher komme ich an dieser Stelle zu weiteren Anagrammen:

HIERMIT ACH E

EHE ICH IM ART → ART (Kunst)

REICHTE MAI H

ICH AM HEITER

HAT IM CHERIE

CHARME EI HIT

ACH REIME HIT

ICH ART HEIME

ACH REIHE MI.T

MICHI RAT EHE

HI ECHTER AMI → AMI (franz. Freund)

HEIRATE MICH
_____

ICH HABE BILD

EH´ABBILD ICH

HAB DICH LIEB
_____

WER ZAHMERE

WAERME HERZ

HERZWAERME
_____

UNSICHERSTE ENKELS

SCHEISSKERLE UNTEN

UNS STREICHEN EKELS

IN SCHENKELS EUTERS

HUT SINNES LECKERES → es geht um die sinnliche Form der körperlichen Liebe, die eine bessere Qualität offeriert

KERNTEILCHEN SUESS

14

ERKENNTLICH SUESSE

KUESSEN STREICHELN

AB GESCHLECHTER IN MUT

SCHMETTERLINGE BAUCH

AB RECHTEN IN GESCHULT

IN BUCHMACHERS LEGTET

IN SCHACHBRETT LEGE UM

IN BECHAMEL GERUTSCHT → BECHAMEL (Milchsauce)

BETRAG ECHT IN MUSCHEL

ZEITLICHEN KARTE

HEILT NACKT REIZE

ZAERTLICHKEITEN

NACKT HEITER ZIEL

SATZ IN GELBLICH

LIEBLING SCHATZ

EIN BLITZSCHLAG

PO FASER LEIM

IM SOFA PERLE

SPERMAFOLIE

PER MIEF ALSO

FLAER MOEPS

ER OPAS FILME

ELFE IM PROSA   → PROSA (nüchterne Darstellung)

ER SO AM PFEIL

OMA PFEILERS

FAERSE IM POL   → FAERSE (Verse)

SO REIM APFEL   → APFEL (Erdapfel)

EROS IM APFEL   → EROS (Liebesgott in griechischer Mythologie)

FLUG EHEGLUECK

GLUECKSGEFUEHL

KASPERLE THEATER

KARATE LEHRE PEST

KEHRE PEST ALTARE

AERA KLETT HERPES

RESPEKT ALTAR EHE

EIH SCHMERZ

MICH HERZES

GERN BEGEHREN

GEGEBEN HERRN

HERRN ENG GEBE

16

ACHTENSWERT ZUG

WERTSCHAETZUNG

GRENZWACHE TUTS

TIEFE ZUNEIGUNG

ZUEGIG IN TUN FEE

FEE NEIGT ZUG UNI

ZEIT EIN FUEGUNG

BAR LEUTE STEHN

ER BUSEN ATHLET

LUESTERN BAEHT → BAEHT (bähen, erwärmen)

ES HUREN BLATTE

BUESTENHALTER

NAEHRTET BLUSE

EUTERN BESTAHL

THEATERN BLUSE

ES LEHRTEN TABU

ALBERN HUETEST

BRAUT LEHNTE ES

BARST EHEN LEUT → BARST (von bersten – auseinanderbrechen)

ICH IDEE OHR LESBISCH

ICH SCHIEB IDOLE SEHR

ICH LIEBE DICH SO SEHR

EI VOR BENEBELTE

NOETE VERBLEIBE

VERBOTENE LIEBE

VERLOETE IN EBBE

OB TEEVERB LEINE

VORBEI LEBEN TEE

RATSAM EDLES

DA SELTSAMER

DAS TAL MEERS

ES ADEL SMART → SMART (schick, fein, klug)

ADRESSE MALT

MAEDEL STARS

DAS ERSTE MAL

SCHLUSSES UNKE → UNKE (unken – schwarz sehen, pessimistische Haltung)

`CH SUESSEN ULKS

SCHULEN KUSSES

KUSCHELN SUESS

WAHRSTE TEE

SWEET HEART	→ Liebling

HOCHZEIT

ZEIT HOCH

SEID ICH KEUSCH

DICH SUCHE KIS E	→ KISS (Kuss)

DU SIEHE SCHICK

ICH KUESSE DICH

EHE TIEFFLUEGE

FEE FUEGTE HEIL

TIEFE GEFUEHLE

HE RATIO NEFFE	→ RATIO (lat. Vernunft, Rechnung)

ROHEITEN AFFE

ANRIEF EHE OFT

AFFENTHEORIE

OH FEE IN AFTER

RAETE FEIN HOF

INFO AFTER EHE	→ AFTER (nach, um)

| TRAFO EHE FEIN | → TRAFO (von lat. transformare – umwandeln) |

OH FEIN FEE ART

EINE HARFE OFT

EINE ART HOFFE

HEIRATE OFFEN

LIEBESGEDICHT

GEBT STEICH LIED → STEICH (steig)

'CH GEB IDEE STIL

DIES BEGLEICHT

GEBILDETES ICH

BILDES GEEICHT

DICH GELIEBTES

ICH GEBETS LIED

DICH LEBE GEIST

DICH TEILES GEB

T-CD SILBIGE EHE → T-CD (Tee-CD)

SICH EDEL BIEGT

ZUNGE VERURSACHT

SCHNAUZE VERTRUG

ZU VERNASCHE TRUG

ZARTE VERSUCHUNG

IRR VERWUNDET BABEL

TEILBAR VERB-WUNDER

DR WEN URVATER BIBEL

ABBILD URVERWERTEN

WUNDERBAR VERLIEBT

UNLEIDLICH EBENE

NEU EDEN LEIBLICH

NEU ENDE - LIEBLICH

NEULICH LIEBENDE

UNENDLICHE LIEBE

EILE IN EDLEM BUCH

TOR ZU GOTT

ORT ZU GOTT

IRREN GEFUEHL WITZ

ZWINGT HEILERE RUF

LIEFERT WEG ZU HIRN

FRUEHZEIT WILL GERN

TREUHERZ LINI F. WEG   → LINI F. (Linie für?)

WEITHERZIGEN FLUR

ZWEITER FRUEHLING

Das waren ja schon eine Menge an Anagrammen, wieder kommen bei Anagrammen, die mit Liebe zu tun haben, sehr liebevolle Botschaften zum Vorschein. Manchmal, wenn es nur um Sex ohne Liebe geht, werden die Töne allerdings schärfer. Nun ja, ich denke mir, dass wir hier eben auf die Qualität verwiesen werden möchten, die Erotik und Sex bekommt, wenn es eben aus tiefen Gefühlen entsteht.

Micha, glaubst du, dass es eine Art der Liebe gibt, die nicht durch das Ego bestimmt ist?

Ja, ich glaube schon daran. In Interview 21 bringe ich ein Anagramm zu bedingungsloser Liebe mit. Allerdings ist eine 100prozentige bedingungslose Liebe meines Erachtens schwer zu erreichen. Es erscheint mir auch schwer, zu wissen, wann eine Liebe bedingungslos ist. Denn selbst wenn eine Seele, sich die Liebe nicht aus egoistischen Motiven wünscht, so hat sie doch den Wunsch mit einer anderen Seele zusammenzukommen. Und ein Wunsch ist wiederum ja nicht erwartungsfrei, somit schwingt irgendetwas mit, das in ähnlich gelagerter Form auch vom Ego kommt. Aber wir sind potentiell mit unseren Erkenntnissen erst am Anfang und können uns gerne überraschen lassen, was sich noch so alles bewahrheiten wird.

Was meinst du damit?

Jeder Mensch kennt die Welt ja nur so, wie er sie erfährt, aber nicht aus den Augen eines anderen. Dazu kommen alle Dinge, die er nicht über sich selbst weiß, die selbst nicht über zahlreiche Selbstreflexionen durchschaubar sind. Dinge, die dich an dir jederzeit überraschen können, also ist es auch vorstellbar, dass sich irgendwann im Laufe deines Lebens eine andere Seite von dir zeigt, vielleicht eine Seite deiner Seele, die tatsächlich bedingungslos sein kann. Ich meine solche Momente der bedingungslosen Liebe tatsächlich erfahren zu haben. Bei der außersinnlichen Erfahrung im Jahr 2000, aber auch bei vielen Begegnungen mit S.. Da gab es nur das Sein im Hier und Jetzt, ohne Erwartungen, insofern waren dies bedingungslose Momente. Nur diese dauerhaft zu halten ist meines Erachtens ein Weg, der erst einmal beschritten werden darf.

Auch wenn du das Gefühl hast, ein Mensch sei als Partner für dich bestimmt, dann kann es so sein, muss es aber nicht. Dein Geist-Ego kann dir eine Menge vormachen, auch wenn es um Zeichen geht, die du wahrnimmst und die dich lenken möchten, letztlich glaube ich daran, dass die Antwort auf etwas in deinem Herz zu entdecken ist. Stell dir die Frage und beobachte, welcher Teil von dir verliebt ist und mit jemandem zusammenkommen möchte. Ist es dein Geist oder ist es deine Seele? Wenn es die Seele ist, so glaube ich und so hoffe ich, gibt es eine beiderseitige Verbindung, die euch tatsächlich zusammen bringen kann, wenn es im Seelenplan vorgesehen ist. Bis zum nächsten Mal. Alles Liebe!

INTERVIEW 12: SEMIOTIK; SANIERTE OPTIK; ZEICHENDEUTUNG; SCHACHKUNDE

Hallo Leute, herzlich willkommen zur zwölften Ausgabe von Werhatdieidee – TV. Heute geht es um das Thema Semiotik, Sanierte Optik, Zeichendeutung und Schachkunde. Hallo Micha, womit fangen wir an?

Hallo Silvio, ich würde sagen mit Semiotik.

Was ist denn Semiotik?

Ja, grundlegend ist Semiotik die Wissenschaft von den Zeichen. Doch was ist ein Zeichen? Und genau hier wird es schwierig, da es in den verschiedenen wissenschaftlichen Kontexten und im Alltagsgeschehen, verschiedene Verständnisse zum Begriff „Zeichen" gibt. Für manche ist bereits ein Verkehrsschild ein Zeichen. Ich verstehe unter einem Zeichen aber etwas anderes und ich orientiere mich dabei vor allem an den erkenntnistheoretischen, semiotischen und pragmatischen Überlegungen des amerikanischen Semiotikers Charles Sanders Peirce. Es ist schwierig ein kurzes Verständnis zum Zeichenbegriff zu erschaffen, aber dennoch versuche ich es. Zeichen sind Notwendigkeiten, die im Erkenntnisprozess eines jeden Menschen geschaffen werden, um Dinge zu denken und zu vermitteln. Das heißt also, ein Zeichen ist nichts Materielles, sondern konstituiert sich im Denken, in der Interpretation. Erst wenn ich z.B. ein Stoppschild als ein Stoppschild erkenne, wird dieses als Bestandteil meines Denkens zum Zeichen.

Ich habe mich vor diesem Interview gefragt, warum wir heute Semiotik besprechen und wie du dich mit der 2 zu 1 Relationstheorie dieser Wissenschaft zuwenden wirst.

Ja, wenn wir auf die beiden Formeln der 2 zu 1 Relationstheorie zurückkommen, dann sind in beiden Gleichungen Anteile von „Zeichen" enthalten.

1. Gleichung:

Das Naheliegende + Herzgefühl : Erkenntnis.

2. Gleichung:

Farbe + Form : Harmonie

Nach dem bisherigen Verständnis wären Zeichen aber nur in die Begriffe „Das Naheliegende", „Erkenntnis", „Farbe" und „Form" einbringbar. Im bisherigen Verständnis ließen sich Zeichen aber nicht über das Herzgefühl oder über die Harmonie beschreiben. Wir hatten ja schon in vorausgehenden Sendungen in Anagrammen oder mit Blick auf das Buch „Der kleine Prinz" und die Aussage „man sieht nur mit dem Herzen gut" die Botschaft bekommen, dass das Herz ein zweites Gehirn sei. Infolgedessen denkt es auch, nur eben nicht auf die Weise wie das Gehirn. Infolgedessen schafft auch das Herz Zeichen und wäre imstande Zeichen zu interpretieren.

Der Grund, warum es heute um „Semiotik" geht, wurzelt darin, dass ich mir Gedanken darüber gemacht habe, ob es nicht sinnvoll wäre ein wissenschaftliches Feld zu schaffen, dass die Semiotik eben, um den Aspekt, um die Möglichkeit, dass auch das Herz Zeichen schafft und interpretiert, erweitert. Ein solches Feld habe ich „Sanierte Optik" genannt.

Das kommt mir jetzt aber bekannt vor, gab es in deinem Roman „Bodos fantastische Welt" nicht ein Kapitel, das so hieß?

Ja, richtig, an was du dich noch erinnerst.

Ich habe das Kapitel, was auch nicht allzu lang ist, mal mitgebracht und möchte es vorlesen.

Ja, sehr gerne.

Silvio liest aus dem Buch vor.

Auszug aus „Bodos fantastische Welt", Kapitel 33: Sanierte Optik

Die Vier betrachteten das Mobile im Klassenzimmer, welches das kleine Gespenst auf seinem Weg zum Mond berührt und in Gang gesetzt hatte. Sie blickten sich an und signalisierten sich, dass sie für die nächste Unterrichtseinheit bereit seien.
„Ich möchte euch das Prinzip der Worttrommel erklären", sagte Heytop. „In ihr befindet sich ein Dreh- Herz, das mit einem Trichter verbunden ist, der alle überflüssigen Laute in seinem oberen Bereich festhält. Die bedeutenden Laute fallen durch die Öffnung des Trichters und werden mithilfe des Drehherzens in ihrer Akustik verstärkt, so dass man die Botschaft herausfiltern kann. Die Maschine ist deshalb notwendig, weil jeder Mensch jedes Wort anders betont. Die Stimmlagen, Stimmfarben, Betonungen etc. der Menschen zueinander sind verschieden. Aber das Gerät ist in der Lage all dies herauszufiltern und in ihre Ursprünglichkeit zu transformieren. Mit einem Tonband gelingt das nur bedingt, aber jene Wesen, die eine sanierte Akustik haben, sind ohne Worttrommel in der Lage die Botschaften herauszuhören."
Bodo überlegte, ob er auf Erden die Worttrommel erfinden solle. Er war sich aber nicht sicher, ob das mit irdischen Materialien überhaupt möglich sei. Dennoch merkte er sich Heytops Erläuterungen zur Worttrommel ganz genau und vielleicht sei es ihm eines Tages ja wirklich vergönnt, eine solche Maschine zu entwickeln.
„Der Oberbegriff für die Disziplin, die sich mit erweiterten und sanierten Sinneswahrnehmungen befasst, heißt Sanierte Optik," fuhr Heytop fort und malte die Sinnesorgane des Menschen an die

Tafel. „Die Optik beschreibt die Ausbreitung und das Verhalten von Licht. Das weltliche Licht siehst du, wenn du deine Wahrnehmung organisierst und erweiterst. Die Sanierte Optik ist eine Erweiterung der menschlichen Disziplin ‚Semiotik', weil sie sich mit dem Empfangen von weltlichen Zeichen befasst. Wo diese Zeichen erschaffen werden, und wo und womit sie verschickt werden, wurde euch schon unterrichtet. Es sind die Geisterwinde, die Zeichen in außerweltliche Systeme befördern. Die oft ausgetüftelten substanziellen Erfindungen werden unsichtbar gemacht und in Ionen-Energie zersetzt. So kann die Schicht durchbrochen werden. Wenn die Erfindungen ihr Ziel erreicht haben, setzen die Geisterwinde sie wieder zusammen."

„Nach Weltsprachenprinzip heißt das Wort ‚Invention' stehend für die Erfindung, ‚In Wind Ion', " bemerkte Bodö und pustete einen Wind durch sein Modell. „'Wind' übersetzt aus dem französischen Wort ‚vent'."

„Ja, richtig", bestätigte Heytop. „Der Wind überträgt Zeichen. Ich möchte euch Zeichen vorstellen, die aufgrund des Interpretationspotentials substantieller Zeichenträger und aufgrund der menschlichen Zeichenkonstitutionsmöglichkeit, erscheinen können."

Heytop zog am Hebel der Tafel und im Bild wurde ein kleiner Zeichentrickfilm abgespielt, den er kommentierte. Zunächst zeigte der Film ein Strichmännchen mit einem herzförmigen Kopf, das eine Straße entlang ging.

„Wenn ein verliebter Mensch zum Beispiel durch die Gegend geht, werden ihn zahllose Zeichen auf seinem Weg begleiten, die wir hier oben alle vorbereitet haben", kommentierte Heytop, während das Strichmännchen unter einem Baum herging.

„Wir lassen den Wind, noch bevor dieser Mensch an einem bestimmten Baum vorbeigeht, herzförmige Blätter von den Ästen fegen", fuhr er fort, während im Tafelbild ein kleines Strichmännchen und ein etwas tollpatschig wirkendes Strichmännchen sichtbar wurden. Beide näherten sich.

„Der Mensch geht weiter und wir hier oben sehen, dass er in wenigen Minuten einen Punkt erreicht, an dem sich ein Kind befindet, das einen Kaugummi kaut. Das Kind lassen wir daraufhin den Kaugummi auf den Bürgersteig spucken und lenken eine andere Person an diese Stelle, die das Kaugummi platt tritt."

Heytops Schüler lachten über die Tollpatschigkeit des einen Strichmännchens. Aber offenbar konnte es nichts dafür, dass es in die Kaugummimasse trat.

„Hier oben haben wir schon längst die Kaudichte, den Fall des Spuckens und das Auftreten auf die Kaugummioberfläche berechnet, das jenen Kaugummi schließlich auf dem Asphalt zu einem weißen herzförmigen Fleck verformt, an dem der verliebte Mensch vorbeigehen wird," erklärte Heytop, wobei seine Schüler auf dem Tafelfilm einen Schwarm von Strichvögeln sahen.

„Der Mensch geht weiter und etwas später, kreist über ihm ein Schwarm Tauben, als Zeichen des Friedens, den dieser Mensch ausstrahlt."

Der Film zeigte die Verpackung einer Chips-Tüte und in diesem Moment schauten Bodo, Bodö und Botho etwas verwundert, weil sie den Zusammenhang zwischen Strichmännchen und Chips nicht herstellen konnten. Bodö kratzte sich an einem Berg, Botho zog seinen Mund auf und Bodo runzelte mit der Stirn.

„Dann geht der Mensch in einen Supermarkt und kauft eine Tüte Kartoffelchips", während die Verpackung von einer großen Strichhand geöffnet wurde. „Wieder zuhause öffnet er sie und auf einmal haben die Chips, die er herausnimmt allesamt ein Herz als Form und so geht es weiter und weiter."

Heytop stoppte den Film und schwebte auf Bodo zu.

„Auch dir, Bodo, haben wir schon viele tausende solcher Zeichen verschickt. Damals hast du sie noch nicht wahrgenommen, weil du eine Krümmung in deiner Wahrnehmung hattest, aber künftig wirst du sie alle wahrnehmen können."

„Was waren das für Zeichen?" fragte Bodo neugierig.

„Nun ja, einmal bist du z.B. an einem Parkplatz vorbeimarschiert. Per Telepathie haben wir Menschen, die ein bestimmtes

Kennzeichen an ihrem Auto haben, auf ihrem Weg des Alltags so gelenkt, dass sie in einer bestimmten Reihe parkten, an der du vorbeigingst. Alle Kennzeichen ergaben so eine Botschaft. Leider hast du die nicht wahrgenommen," erzählte Heytop.

„Und was war das für eine Botschaft?" fragte Bodo.

„Die Autokennzeichen lauteten: Bo-do, He-rz, Ge-he, Do-rt, Re-in, Un-dd, En-ke, Un-se, Re-li, E-be, Do-it. Hinter den elf Autos hatte zuvor ein Kind auf dem Asphalt eine Schnecke gemalt, auf dessen Außenfassade sich das Zeichen des Handlungsstrangs befand. Wir wollten dich schon damals darauf aufmerksam machen, dass du den Weg durch den Tunnel gehen sollst und auf dein Leben zurückblickst. Wir hatten sogar per Telepathie deine Blicke auf die Kennzeichen gelenkt, aber du hast sie einfach nicht wahrgenommen," sagte Heytop.

„Und wie ist das bei Menschen oder Tieren, denen ein Sinnesorgan fehlt?" fragte Bodö während er in seinen Wäldern nach kleinen Modelltieren suchte.

„Die Stärke der Wahrnehmung wird bei jenen auf andere Sinnesorgane konzentriert", antwortete Heytop. *„Es ist ihnen möglich, weltliche Zeichen auf andere Art zu empfangen."*

Bodo erinnerte sich kurz an den Maulwurf, der auf dem Jahrmarkt seinen Handlungsstrang ging und er überlegte, was dieser wohl gerade mache. Dann schaute er zu Heytop.

„Und welche Zeichen gab es noch?" fragte er.

„Du hast z.B. mal eine Limonadenflasche gekauft, auf der im Glas ein Herz eingestanzt war", erzählte Heytop weiter. *„Diesen Herstellungsfehler bei der Produktion der Flasche haben wir bis ins kleinste Detail geplant. Wir haben die Flasche produzieren lassen, sie zu dem Supermarkt in deiner Nähe bringen lassen und dich im Geschäft nach ihr greifen lassen. Es war in der Zeit, als du dabei warst deinen richtigen Vater aufzusuchen, wir wollten dich mit der kegelförmigen Flasche daran erinnern, dass du von Menschen geliebt wirst, auch wenn die Liebe nicht von deinem Vater kommt."*

Bodo war ein wenig gerührt. Es war für ihn immer wieder von neuem schön, zu wissen, dass er geliebt werde und dass er von

Wesen des Weltlichen geliebt werde, erfüllte ihn mit einer besonderen Freude.

„Ein anderes Zeichen war die Zahl ‚2040', die codiert für deinen Namen steht: Die ‚2' stellvertretend für das ‚B', die ‚4' stellvertretend für das ‚D' und die beiden Nullen stellvertretend für den Buchstaben ‚O', " erzählte Heytop weiter. „Jene Zahl tauchte überall auf, wo du hergingst und hingeschaut hast. Du hast immer auf die Uhr geschaut, wenn es 20.40 Uhr war. Du hast mit Menschen telefoniert, in deren Telefonnummern jene Zahl enthalten war und immer wenn du ein Videoband auf deinem Videorekorder zurückgespult hast, hielt die Kassette bei 2040 des Timer- Codes an."

Es stimmte tatsächlich und Bodo erinnerte sich, dass jene Zahl in seiner Kontonummer auftaucht, sowie in seiner Matrikelnummer zu Zeiten seines Studiums.

„Aber diese Zahl war nicht die einzige Zahl, die wir dir geschickt haben", fuhr Heytop fort. „Wir haben dir in einer vierstelligen Zahl den Geburtstag jenes Menschen geschickt, der für dich bestimmt ist."

„Wirklich?" fragte Bodo und er überlegte, welche Zahl es wohl gewesen sein konnte, aber er konnte sich nicht mehr daran erinnern. Es gab hier viel, woran er sich wieder erinnern konnte, aber nicht an jene Zahl.

„Schade", dachte er. „Wenn ich den Geburtstag und Monat wüsste, wüsste ich das Horoskop." Bodo seufzte, denn er bekam wieder dieses unbeschreibliche Gefühl. „Wann werde ich die Silhouette nur sehen, wann werde ich ihr zum ersten Mal begegnen?" fragte er sich, aber er spürte, dass die Zeit immer näher komme.

„Ja, eine Sanierte Optik ist sehr wichtig, sie führt außerweltliche Systeme auf den Weg zur Weisheit", ergänzte Heytop und schwebte zurück zu seinem Pult. „Alle außerweltlichen Naturgegebenheiten folgen einer bestimmten Ordnung, symmetrische Formen, aber auch asymmetrische unregelmäßige Strukturen, die als ein Chaos gesehen werden. In allem entstehen Zeichen, die lesbar sind. Botschaften in Krümmungen von Ästen,

Bilder in Tapetenmustern, Schriftzeichen in Reihen von Grashalmen und Rauchwolken, alles unterliegt einer bestimmten Gesetzmäßigkeit. Vielleicht steht jeder Ring im Stamm eines Baumes wirklich für sein Alter, die Antwort auf diese Rätsel kennen wir und ihr kennt sie auch. In euren Zuckertüten stecken alle Hilfsmittel, um auf alle Fragen der Menschheitsgeschichte eine Antwort zu bekommen und damit möchte ich euch in eine Pause lassen. Jeder von euch kann sich in dieser Zeit mit seinem Begleiter treffen und mit ihm die Zuckertüte erforschen. Bis nachher!" Heytop stellte sich vor das vasenähnliche Lampengebilde und rief nach dem Wind, der ihn daraufhin dort hineinzog.

Danke dir, Silvio. Ja, es ist natürlich eine Geschichte, worin allerdings auch bestimmte Erfahrungen und Erkenntnisse stecken, aber dazu komme ich später.

Im Roman waren Zeichen das, was als Zeichen vom Weltlichen versandt wird, auch diesen Aspekt möchte ich in der Sanierten Optik besprechen, allerdings so, wie es sich in Einklang mit der 2 zu 1 Relationstheorie bringen lässt. Dass das Zeichen nicht nur einseitig gedacht wird, sondern zweiseitig, einmal in Hinblick auf das Irdische und das Weltliche zugleich und zum anderen, dass das Zeichen nicht mehr nur Bestand deiner Gedanken ist, sondern auch des Herzens.

Mit Zeichen, die vom Weltlichen versandt werden, sind also auch nicht die Dinge gemeint, die in der Außenwelt erscheinen, sondern, das, was der Empfänger als Zeichen interpretieren sollte, sofern er das Zeichen als solches identifiziert.

Richtig, aber auch das, was in deiner Innenwelt als Zeichen passiert, wie Träume, Gefühle, Bewusstseinszustände, all das können meines Erachtens Zeichen des Weltlichen sein. Zu Beispielen komme ich später. Natürlich habe ich auch zum heutigen Thema wieder Anagramme mitgebracht, um mal zu schauen, was wir darin so an Botschaften entdecken.

MIT OK SIE`	→ OK (gut), SIE´(sieh, sehe)
IM OK SEIT	→ SEIT (seid)
SEMIOTIK	
SO [:KI] TIME	→ [:KI] (key – Schlüssel), TIME (Zeit)

SANIERTE OPTIK	
INSERATE OPTIK	→ INSERAT (Bekanntmachung, Mitteilung, Notifikation, Annonce)
IST TON KAPIERE	
ANREISET TOPIK	→ TOPIK (Ortslehre in Philosophie, bei Aristoteles)
PISTE KREATION	→ PISTE (z.B. Start- und Landebahn, Weg etc.), KREATION (Werk, Schöpfung)
SERIE OP INTAKT	
EI TON KAPIERST	
ARTISTEN KOPIE	
SAITEN OPER KIT	
SAITEN TORE KIP	KIP (kippen)
PARTIES NIE KOT	
PARTIE SET KINOS	

SITARE NOTE PIK → SITARE (Hindi – Sterne), PIK (Spielkartensymbol)

SAITE KRONE TIP

EI IN POSTKARTE

IST PAKETEN RIO → RIO (Fluss)

SPRACHPHILOSOPHIE

IHR PHILOSOPHS CAPES	→ CAPES (engl. Umhänge)
OH PIPPI HOCHS SEARL	→ PIPPI (Pippi Langstrumpf – ideenreich, kreativ etc.), SEARL (John Rogers Searle?, u.a. Sprachphilosoph)
OH HOCH LIPPES SAPIR	→ SAPIR (Edward Sapir? → Linguist, u.a. Studien Sprachgemeinschaft)
HIHI SO CAHL POPPERS	→ POPPER (Carl Raimund Popper?, Philosoph)
ACH PRIES PHILOSOPH	→ PRIES oder auch PREIS
HI SHIL CHAOS POPPER	→ SHIL (schiel von schielen), SHIL (LIHS → lies → lese)
HIHIHO CLASS POPPER	→ CLASS (Klasse)
HOPI HOPPIS CHARLES	→ z.B. Charles Sanders Peirce, Charles William Morris, Charles (Karl) Hopper, etc.
HE PHIL OP PROSAISCH	→ PHIL (Philologe, Philosoph), OP (Operation), PROSAISCH (trocken, nüchtern)

PHIL SO PAPIERS HOCH	→ so viel Papier in den Sprach- und Geisteswissenschaften
OH HIPPIE SPRACHLOS	
HEH PHIL PICASSO PRO	→ PABLO PICASSO, PRO (für, dafür)
HAIRSHOP EPISCH POL	
HOPPLAHOP IS SICHER	→ IS (ist)
HOPPLA IHR SO EPISCH	

VERKEHRSZEICHEN	
ICH SZENE VERKEHR	
HECK REIZ SEHNERV	→ HECK (hinterer Teil, Umzäunung)
CZ EH EH NERV KREIS	
Z SEHN REH VIERECK	
SEHN HERZ VIERECK	
HERZKIRSCHE VENE	
′CH VERZEIHE KERNS	

WISSENSCHAFTSTHEORIE	
SIEH EINS SCHAFST TOWER	→ SCHAFST (schaffst)
SIEH SEIN SCHAFST WORTE	
SACHWERT IST HOFES EINS	
ACHTES SHOW REIFST EINS	
OH IT WISSEN SCHAERFEST	→ IT (es)

EIN FACHS HEISSEST WORT

SEH EIN WEISS ORTSCHAFT

SIEH EINES SCHAFT WORTS

WER SO EINS SIEHT SCHAFT

EIN SACHE SET FIRST SHOW → FIRST (erste)

IN WASSER HOCH IST FESTE

SEHS EIN FACHE IST WORTS

EIN FAECHER WHIST STOSS → WHIST (Kartenspiel)

EIN WO SCHAERFSTE HISST

SEHS EIN FACHE TOR WISST

SCHAFE SEH; WORT IST EINS
_____

ZEICHEN SIGNAL

GAENZLICH EINS

INS GAENZLICHE

EINZIG CHANELS → CHANNEL (Kanal)

LACHE; ZEIG SINN

EILIG SCHANZEN → SCHANZEN (Chancen)

ACH ZIEL SINGEN

ACH SINGEN ZEIL

ICH INS GLAENZE

SICH IN ELEGANZ

ICH EIN GLANZES

HANG NICE ZIELS

SIEH NICE GLANZ

ICH ZIELEN SANG

ICH ZEILEN SANG

AN ZICH SELIGEN

ICH ANS ENG ZIEL

ZEIG ES INCL NAH   → INCL (inklusive)

BILDERSCHRIFT

ER SCHRIFT BILD

SCHREIB DR LIFT

DB REICHS FLIRT

BILD ERFRISCHT

'CH IRR FESTBILD

BRD LICHTS FREI

BRD LICHTS REIF

DIR LEB SCHRIFT

DIR LEB FRISCHT

VORSTELLUNG

LOS TUN VERGL   → VERGL (Vergleich?)

CHARLES SANDERS PEIRCE

DR HERRS PALACE ESC EINS → PALACE (Palast)

CC LESE DEINS HERRS PAAR

EINS PC DERER SAAL SCHER → SCHER (scheren – sich kümmern, veredeln)

DA C ER SPRACH LESER EINS

ACH DR PER CARELESS SEIN → PER (durch), CARELESS (unachtsam)

DA C REAL SPRECHERS EINS

CARESSED CARP LEHR EINS → CARESS (streicheln, liebkosen), CARP (carpe – pflücke, nutze, genieße → diem – den Tag)

CARED SPRACH LESER EINS → CARED (gepflegt, gekümmert)

CARED ALS SPRECHER EINS

CARD SPRACHE LESER EINS → CARD (Karte, Papier)

CARD CAP LESE HERRS EINS → CAP (Kappe, Haube)

HERR LESEN CARD PIC ASSE

CARD ASSE PC LEHRER EINS

CARD ALS ER EINS SPRECHE

CARDS REAL SPRECHE EINS

DER RASCHERE LAS EINS PC

TRIADISCHE RELATION

ES DICHTE IRRATIONAL

EI TRADITION CHARLES → CHARLES SANDERS PEIRCE

CHARLES DATEI IN TRIO → SYMBOL, BEGRIFF, DING

DA SO RATE RICHTLINIE

MEANING

IG NAMEN

BEGRIFF KONZEPT

KG TOP BEZIFFERN

ZEICHENLEHRE

ZEICHNE LEHRE

HERZCHEN EILE

FORMELN SPRACHE

FERN PC ERHOLSAM

FORSCHEM PLANER

REAL MENSCH PROF

PC LEHR REN FAMOS → FAMOS (spitze, großartig, ausgezeichnet)

LEHRERN FAMOS PC

ER PROF AN SCHELM

AM CF LEHRPERSON

R MAL SCHOEPFERN

PC ER SO FERN MAHL

PC MAHL FERN EROS

PC FERNE HARMLOS

SAH PC FERNER MOL → MOL (moll)

ER FORSCHEM PLAN

AN PC HELFERS ROM

FAELSCHERN PROM → PROM (Abschlussball)

SCHMAELERN PROF

FORSCHER P MALEN

AUGEN

GENAU

GESTIK MIMIK

SIEG KIMM KIT → KIMM (Horizont)

TEIG KIMM KIS

IKKE STIMMIG → IKKE (ich)

IA U QUE COMA GEIST	→ IA (ja), QUE (welche), COMA (Koma)
IMAGE ACOUSTIQUE	→ akustisches Bild
IQ OUT – SAUCE MAGIE	→ OUT (aus, heraus, etwas ist out)
IQ OUT – SAUCE IMAGE	

MAC QUAI GEO SUITE → QUAI (franz. Dock)

EU QUAI ECO STIGMA → UMBERTO ECO (Semiotiker), STIGMA (hier: Zeichen)

IQ AUA STEIG UM ECO

Ja, in den Anagrammen bekommen wir Botschaften, die ich in Bezug auf Geistes- und Sprachwissenschaften dahin deute, dass eben nicht für alles und jedes eine Erklärung und Definition gefunden werden muss, wodurch ja ein kaum vorstellbarer Stapel an teils voneinander divergierenden Forschungsarbeiten entstanden ist. Wir hatten ähnliches ja schon in dem erkenntnistheoretischen Interview, wo im Anagramm auch Immanuel Kant erschien. Er hat wunderbares geleistet, aber viele seiner Werke sind, was die Lesbarkeit heutiger Zeit betrifft, sehr schwierig und komplex formuliert, dass man nur schwer einen Zugang findet, und selbst wenn, kann man sich heute nicht sicher sein, ob es der richtige Zugang ist, schließlich können wir ihn nicht fragen, was er zum Beispiel tatsächlich in der Kritik der reinen Vernunft gemeint hat. Hinter dem Verweis auf Picasso, den Verweisen auf's Singen und Malen steckt meines Erachtens die Empfehlung Freude an den schaffenden Künsten zu entdecken. Forschung ist sicherlich spannend, aber man kann sich darin auch sehr leicht verzetteln, wenn jedes kleinste Phänomen menschlichen Wirkens auf jeden noch so kleinen Aspekt durchleuchtet wird. Ich meine damit insbesondere die zahllosen Diskurse über Definitionen von Begriffen, die meines Erachtens ins Uferlose führen können. Vielleicht entgeht uns dadurch der Blick auf das Wesentliche.

Könnte sein, vielleicht erscheint ja deshalb der Verweis auf Eco, der ja nicht nur Philosoph und Semiotiker war, sondern weltberühmter Schriftsteller. Er ließ seine philosophischen und semiotischen Erkenntnisse zugleich auch in seine Romane einfließen. Ein schöner Ausgleich, wie ich finde, zu forschen und gleichzeitig kreativ zu schaffen.

Du versprachst uns noch über Zeichen des Weltlichen zu sprechen und Beispiele hervorzubringen.

Ja, richtig, einige Beispiele, die ich als Zeichen erlebt habe, hatte ich teils in einer abgewandelten Variation in den Roman „Bodos fantastische Welt" miteinfließen lassen. Die Herzen in Chipstüten, in der Limonadenflasche, als zertretenes Kaugummi gab es, zu einem Zeitpunkt, wo ich verliebt war, tatsächlich, es waren aber noch eine Reihe mehr an herzförmigen urplötzlichen Erscheinungen.

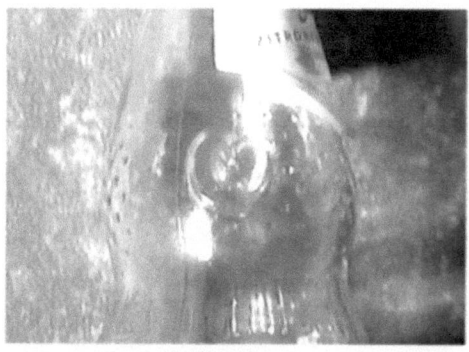

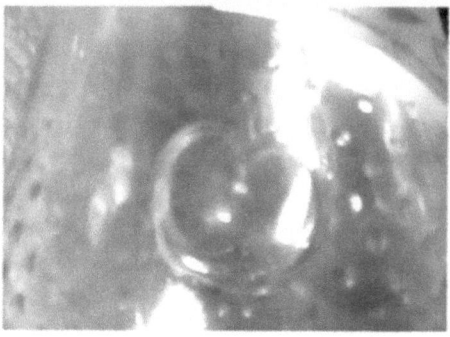

Auch Botschaften in Autokennzeichen habe ich schon entdeckt, allerdings in schwächeren Varianten, als im Roman geschildert. Im

Interview zum Gesetz der Anziehung hatte ich auch schon Beispiele genannt, Sachen zu denen ich gekommen bin, kurze Zeit nachdem ich sie mir gewünscht habe. Es gibt noch vieles mehr, Menschen, denen ich irgendwo begegne, kurz nachdem ich an sie gedacht habe, Wörter oder Sinnzusammenhänge, die ich im Radio höre, nachdem ich über genau das nachgedacht habe. Erlebnisse, die sich in einer ähnlichen Variante realisieren, nachdem ich sie geträumt habe. Ein besonders irres Zeichen habe ich mal erlebt, als ich eine flüchtige Bekannte getroffen habe. Als ich sie getroffen habe, dachte ich daran, sie mal auf eine etwas verrückte Weise anzusprechen. Statt nur „Hallo" zu sagen, begrüßte ich sie mit dem Satz „Na, wie geht es deiner besten Freundin Berta?" Sie schaute mich daraufhin ganz irritiert an und sagte „Woher weißt du, dass meine beste Freundin Berta heißt?" Das war absolut irre, ich wusste es nicht, wir hatten kaum vorher viel miteinander gesprochen und gemeinsamen Bekannten, hatte sie es auch nie erzählt. Wie konnte ich das wissen? Ich war selbst verblüfft. Sie war damals um die zwanzig Jahre jung und die Wahrscheinlichkeit, dass sie eine Freundin mit diesem altdeutschen Vornamen hat, ging gegen null. Und dennoch hieß in einer etwas anderen Weise ihre beste Freundin Berta. Es klärte sich nämlich so auf. Beide waren begeisterte Fans der deutschen Fernsehserie „Lindenstraße", worin die beiden Charaktere „Berta Griese" und „Helga Beimer" vorkommen. Also gaben sich die beiden Freundinnen als Spitznamen die Vornamen dieser beiden Seriencharaktere. Es gibt eine Fülle an solchen Zeichen, die ich erlebt habe. Einmal, als ich nach einem für mich nicht schönen Ereignis nach Hause lief, dachte ich innerlich „schöne Scheiße". Und kurz nachdem ich dies gedacht hatte, wäre ich fast in einen auf dem Asphalt verteilten Hundehaufen getreten, der das Gesicht eines grinsenden Smileys hatte. Humor haben diese Zeichen manchmal. Selbst die Namen mit Vor- und Zunamen von jenen, in die ich mich verliebt habe, sind in den kuriosesten Varianten als Zeichen erschienen.

Das Auftauchen dieser Zeichen hat meines Erachtens eine spezielle Bedeutung, die mich in den oben genannten Beispielen auf irgendeine Weise transformieren möchte. Was die Zeichen angeht, die erscheinen, wenn du in jemanden verliebt bist, und diese treten umso stärker auf, umso stärker dein Gefühl ist, erscheinen meines Erachtens aus dem Grund, weil sie dich transformieren möchten. Man hofft zwar immer, dass die Zeichen kommen, weil sie darauf hindeuten, dass du mit dem oder derjenigen zusammenkommst, in dem oder die du dich verliebt hast, es muss aber nicht so sein. Es kann verschiedenes anderes bedeuten, wie, dass du in die Selbstliebe kommst, dich spirituell öffnest, Vertrauen in Gott bekommst, Ängste und Wut loslässt u.a.

Ob die Zeichen dann auch in eine partnerschaftliche Liebe führen, kann ich letztlich noch nicht bestätigen, hoffe natürlich. Kurios ist, dass du den Menschen, in die du dich verliebst oft ohne Verabredung begegnest, manchmal auch an Orten, wo du sie nicht vermutest. Doch komme ich zu anderen Zeichen, die nicht nur dich, sondern auch andere Menschen betreffen.

Wie ist das zum Beispiel beim Erscheinen von Kornkreisen oder anderen Zeichen?

Alles erscheint meines Erachtens dann, wenn es sein soll, nach dem Gesetz der Anziehung. Da es für fast alle Wörter, irdische und weltliche Bedeutungskonstitutionen gibt, also Teekesselwörter, erscheinen natürlich auch Duplikate dieser Zeichen. Um herauszufinden, welches Zeichen, welche Erscheinung weltlicher Natur ist, nicht durch Menschenhand erschaffen ist, müsste man sich meines Erachtens die Genauigkeit, die Perfektion und Präzision anschauen, aber auch die Schnelligkeit des plötzlichen Zeichens berücksichtigen. Diese speziellen Zeichen, die als absolute künstlerische Perfektion oder als absolut überraschende Verblüffung wie aus dem Nichts erscheinen, diese Zeichen erscheinen mir weltlicher Natur.

Hast du dafür noch andere Beispiele?

Ja, wer weiß, manchmal erscheinen perfekte Graffitis, urplötzlich über Nacht an kaum von Menschen erreichbaren Orten. Es sind aber auch Zeichen in der Natur, in Gräsern, Baumrinden, auf dem Asphalt etc. vorstellbar. Was dich selbst betrifft, dann offerieren sich dir wahrscheinlich Zeichen, die mit inneren Zuständen oder momentanen Interessen zu tun haben. Mir ist z.B. auch aufgefallen, dass ich insbesondere auch Zeichen begegnet bin, die mit jeweiligen Metaphern, zu tun hatten, die ich in vergangenen kreativen Projekten benutzt habe. Z.B. Schach, Tunnel, Licht, Turm, Springer, Glückskraniche etc.

Du sprachst auch von Zeichen deiner Innenwelt, wie Träume oder Bewusstseinszustände. Hast du auch dafür Beispiele?

Ja, es gab einige Träume, die sich in einer etwas abgewandelten Form realisiert haben. Zum Glück aber nicht alle. Das Phänomen „Traum" habe ich schon sehr lange beobachtet. Ich habe dafür verschiedene Theorien, die nicht mit einander konkurrieren müssen. Im Roman „Bodos fantastische Welt" waren es Traumperlen, die zu Menschen in Träumen verschickt werden, ich sprach im Roman aber auch von einer Art Defragmentierung von vergangenen Bildern eines Menschen. Möglicherweise gibt es verschiedene Typen von Träumen. Manchmal sind es auch Träume, in denen du in eine andere Wirklichkeit eintauchst, wo du möglicherweise schweben oder fliegen kannst, Räumlichkeiten sich überlagern, in denen du andere Formen und Farben wahrnimmst, ja sogar eine Art Musik hörst, die du auf Erden nicht kennst. Dann gibt es Träume, in denen du Zustände deines Ichs auf irgendeine Art und Weise abbauen möchtest. Ich könnte mir vorstellen, dass das Phänomen „Traum" ein umfangreiches Konglomerat aus verschiedenen Typen ist. In einem Typus und so glaube ich daran, tauchst du wirklich in eine Welt ein, die dem Weltlichen sehr nahe ist. Diese Art erkennst du meines Erachtens daran, wenn dir ein

Traum Bilder offeriert, die du bisher auf Erden noch nicht erfahren hast.

Hast du Beispiele?

Ja, das mit den Formen gab es öfter. Es gab auch Träume, in denen ich durch Gottes Hand oder durch Wesen in eine andere bezaubernde Welt geführt wurde. Besonders schön waren Träume mit Musik. In denen habe ich Melodien oder Songs gehört, die eine unbeschreiblich schöne, von mir hier auf Erden noch nie gehörte Harmonie haben.

Und wie ist das mit den Bewusstseinszuständen?

Ja, auch durch diese sind meines Erachtens weltliche Zeichen empfang bar. Wenn es dir gelingt z.B. tief in deinem Herzgefühl zu sein, dann ist es meiner Meinung und Erfahrung nach, möglich seine Sinne zu erweitern.

Das heißt?

Botschaften zu empfangen, Hellhören, Hellwissen, Hellsehen, Gedanken lesen, Hellfühlen, Transformationen von Körper, Geist und Seele, Weitsehen, Sonarortung, Schätze erorten und vieles mehr ist vorstellbar. Alles allerdings glücklicherweise in Maßen und zeitlich begrenzt. Glücklicherweise deswegen, weil wir ja keine Übermenschen werden möchten, solange wir in einem menschlichen Körper sind. Stell dir vor, du würdest alles hören, was Menschen so denken, das wäre ja schrecklich. Aber manchmal ist es dann schon ganz nett, wenn du auf eine noch unentdeckte Art schon weißt, dass die beste Freundin deiner Bekannten Berta genannt wird. Eine Fülle solcher Ereignisse schenkt dir eine Überzeugung, dass es mehr gibt, als nur das Leben auf Erden. Es wird dir ein Glauben an Gott geschenkt, durch den du zu einer schönen, inneren Harmonie findest.

Wir kommen jetzt noch zu einem anderen Thema, nämlich Schachkunde. Micha, was hast du uns da mitgebracht?

Ja, im Jahr 2008 habe ich eine semiotische Forschungsarbeit über die Zeichen ‚Schach' geschrieben. Es ging darin um Überlegungen zu Gründen und Rahmenbedingungen der Weiterverbreitung des Schachs in fundamentaler Absicht einerseits und in erkenntnistheoretisch-semiotisch-pragmatischer Perspektive anderseits. In dieser Arbeit ging es also darum, Gründe zu finden, warum sich das Schachspiel weiterverbreitet hat. Natürlich habe ich hierbei nicht die weltliche Seite untersucht, warum Schach als Spiel auf Erden existiert. Eine Idee dafür habe ich schon Jahre vorher in den Roman „Bodos fantastische Welt" eingebaut. Möchte das Kapitel deswegen hier einmal vorstellen.

Auszug aus „Bodos fantastische Welt", Kapitel 30:
„An dieser Stelle komme ich zu einer Kunde, die mit zur ‚2 zu 1' – Theorie dazugehört, nämlich die Schachkunde, " sagte Heytop und brachte mit einem roten Strahl das Schachmuster ins Rotieren.
„Schach ist ein königliches Spiel, das vor langer Zeit von den Monden entwickelt wurde und an die Menschen geschickt wurde. Im Portugisischen wird Schach mit ‚xadrez' übersetzt und nach Weltsprachenprinzip zeigt uns Schach die Adresse ins Weltliche. Allen Feldern und allen Figuren kommt hierbei eine wichtige Bedeutung zu. Das Mysterium Turm habt ihr schon kennen gelernt und auf dem Schachbrett spielt der Turm eine wichtige Rolle. Er kommt auf den Feldern ‚A1', ‚H1', ‚A8' und ‚H8' vor. Bevor ich euch jedoch die Schachsymbolik näher erläutere, bleibe ich einen Moment bei der Zahl ‚1' und ihrer Magie."
Heytop verbog seinen Lichtkörper und verformte sich zur Zahl ‚1'. Sein Gesicht verschob sich ein wenig und Bodo musste sich erst einmal an die neue Gestalt seines Lehrers gewöhnen.
„Wenn ihr die ‚1' spiegelt, bekommt ihr die Laguzrune heraus und wenn ihr nun beide Zeichen zusammenfügt, bekommt ihr einen Pfeil, der nach oben zeigt. Er ist in den Himmel gerichtet, in das Weltliche."

Heytop kräuselte seine Einsergestalt etwas in Richtung Pult. „Wir können das Wort Pfeil in die Trommel eingeben und es rückwärts abspielen, dann bekommen wir das englische Wort ‚life' stehend für das Leben heraus. Ein Pfeil zeigt immer auf Leben, man muss ihn nur weit genug ziehen, dann kommt er irgendwann hier an. Gibt man nun das Wort ‚1' der Hindi-Sprache in die Worttrommel, bekommt man das Wort ‚Ik' heraus. Im Niederländischen steht dieses Wort für das deutsche Wort ‚Ich' und schon wieder haben wir die Botschaft, dass mit dem Eins-Sein das Selbst eines jeden gemeint ist. Bitte verwechselt das Selbst-Ich nicht mit der Bedeutungskonstitution zu Ego, das ja mit ‚Ich' übersetzt wird. Im Englischen wird das Wort ‚Ich' wie der Buchstabe ‚I' geschrieben und das ist wiederum mit der Mandarin-Sprache verwandt, in der das ‚I' mit dem Wort ‚Eins' übersetzt werden kann." Kerzengerade wie eine Eins schwebte Heytop in der neuen Gestalt zu seinen Schülern hinauf.

„Seht ihr, wie die Sprachen immer noch miteinander verflochten sind?" fragte er, während Bodö und Bodo zustimmend nickten. Botho versuchte stattdessen seine Knubbel Nase in eine Eins zu verformen, aber es gelang ihm nicht. Immer wenn er an ihr zog und den Faden wieder fallen ließ, nahm seine Nase die ursprüngliche Form an.

„Die Disziplinen ‚Ethnologie' und ‚Ethnographie' haben es sich zur Aufgabe gemacht, Völkerkunde zu vergleichen beziehungsweise zu beschreiben. Sie könnten, bezüglich der Rekonstruktion der Weltsprache ihre Anwendung finden. Legen wir das Wort ‚Ethno' in die Worttrommel und lassen uns die Sprache anzeigen, dann bekommen wir heraus, dass es im Bulgarischen mit ‚Eins' zu übersetzen ist."

Heytop schwebte zurück zum Pult und erbrachte mithilfe der Worttrommel den Beweis. Nachdem er die „Eins" in die Worttrommel eingegeben hatte, ertönte aus dem Lautsprecher das Wort „Ethno". Die weiteren Erläuterungen bewies er mithilfe jener ausgetüftelten Maschine.

„In der ‚Filipino' – Sprache hören wir in der Worttrommel für die ‚1' die Wortlaute ‚is' und ‚zar', " erklärte Heytop weiter und schrieb dabei schon die nächsten Worte auf kleine Zettelchen, die er nacheinander in die Maschine einfügte.
„‚Is' übersetzt mit ‚ist' und ‚zar' aus dem Russischen, stellvertretend für Herrscher beziehungsweise Kaiser, ergibt so die Botschaft: ‚Die 1 ist Herrscher, gemeint in einer positiven Bedeutungskonstitution'. Im Indonesischen hören wir ebenso das Wort ‚Zar', an diesen Wortlaut fügt sich noch der Laut ‚du' an, so dass die Botschaft herauskommt: ‚Du Herrscher, du bist Eins. In der Ketschnah-Sprache klingt die ‚1' wie der Laut ‚huch'."
Heytops Stimme wurde beim Ausstoßen jenes Laut sehr tief und Bodo überlegte kurz, was das Wort ‚huch' mit einer weltlichen Botschaft zu tun haben könnte, aber er brauchte nicht lange zu warten, denn Heytop und die Worttrommel gaben ihm die Antwort.
„Tut man diesen Laut jedoch in die Worttrommel, fügt ihn mehrmals hintereinander und beschleunigt ihn, dann schließt sich aufgrund der Rotation das ‚u' zu einem ‚o' und man bekommt den Laut ‚hoch' heraus," klärte Heytop auf und demonstrierte es an seiner Maschine. „Und hoch oben, dorthin, wo die ‚1' zeigt, ist der Himmel."
Botho hatte es mittlerweile geschafft den Faden seiner Nase mit einem anderen zu verknoten, so dass die Knubbel Nase eher einer Strichnase gleich kam. Die Transformation seiner Nase in eine Einserform wollte ihm nicht gelingen, worüber er ein wenig frustriert war. Er zog an seinen Mundwinkeln und ließ sie nach unten hängen, um die ‚Strichmännchen täuscht Frust vor' – Emotion anzunehmen.
„Alles in Ordnung?" fragte Bodö seinen verspielten Mitschüler.
„Klar", antwortete Botho leicht verlegen und zog ganz schnell seine Mundwinkel wieder nach oben. Dann entwirrte er den Knoten so, dass seine Knubbel Nase wieder sichtbar wurde.
Bodö, Heytop und Bodo lachten.
„So, gefällst du uns viel besser", schmunzelte Heytop und fuhr fort. „Das englische Wort für ‚Eins' verweist auf den König im

Himmel. Um die Botschaft zu erkennen, ist ein Exkurs in Schachkunde notwendig."

Heytop stoppte mit einem erneuten Lichtstrahl das Rotieren des Schachmusters an den Wänden und zog es dann mit einem anderen Strahl zurück in seinen Körper.

„Im Schach steht der König auf der ‚E'-Position und in der englischen Sprache wird die Zahl ‚1' mit ‚One' übersetzt. Auseinandergenommen bekommt man die Botschaft: ‚On E' beziehungsweise übersetzt die Botschaft ‚an E'. Die 1 steht also nahe am König. Sie ist der Schlüssel zur ersten Reihe eines Schachspiels und der Weg zum König, " erklärte Heytop und malte mit seiner Hand ein Schachbrett inmitten des Raums. Dann bog er seinen Körper wieder zurecht und löste seine Einsergestalt auf.

„In anderen Sprachen hört ihr in der Übersetzung der Zahl ‚1' Worte wie ‚Herr', ‚Sommer' oder ‚Eden', positiv besetzte Worte, die mit dem Überall im Weltlichen zu tun haben. Die ‚1' ist eine Motivation für das Einsteigen in den Zug ins All oder beim Schach den Zug in die erste Reihe. Wenn wir das Wort ‚Laguz' rückwärts lesen, bekommen wir diese Botschaft heraus."

Heytop strich über die Felder des nun im Raum schwebenden Schachbretts. Bodo, Bodö und Botho erhoben sich von ihren Schaukelsitzplätzen, schwebten hinunter und platzierten sich um das Schachbrett.

„Nun erkläre ich euch die Schachkunde. Ich beginne mit der Entstehungsgeschichte des Schachspiels. Vor einigen tausend Jahren wollten die Monde ein Zeichen an die Menschen schicken, das die geistige Kraft des Weltlichen mit der geistigen Kraft des Menschlichen in Farben bringender Absicht vereinheitlichen sollte," erzählte Heytop, wobei seine Schüler ganz gespannt lauschten.

„Das Weltliche durch war durch Weiß symbolisiert, das Menschliche durch Schwarz. ‚Schwarz' stand für die Schattenseite und die Dunkelheit auf Erden, ‚Weiß' stand für die Helligkeit, die Hellsichtigkeit und das Licht im Weltlichen. Und so sollten sowohl die Felder als auch die Figuren gleiche Anteile des Schwarzen und des Weißen implizieren. Die Monde erhofften sich eine Annäherung

beider Welten. Sie nannten es ihr zugseliges Spiel und es hatte den Zweck des Miteinanders und die Förderung der Intelligenz. So sollte die erste Reihe Sinnbild für die göttliche Reihe sein und die achte Reihe Sinnbild für die menschliche, mit der verschlüsselten Botschaft: ‚Menschen, gebt Acht, kommt heraus aus Eurer Dunkelheit!'. Auf dem ersten Feld A1 setzten sie einen weißen Turm."

Im Klassenzimmer machte es plötzlich laut Plöpp und wie von Geisterhand erschien auf jenem A1-Feld, die Figur eines weißen Turmes. Bodo staunte und war fasziniert von dessen Form. Auch Bodö und Botho begutachteten den Turm.

„Der Buchstabe A stand für den Anfang und für das All, von dem aus die Monde von oben Botschaften an die Menschen schicken, die zum ewigen Leben führen", fuhr er fort. „Die ‚1' steht für die Größe, wenn aus zwei eins geworden ist und der Turm für jenen Botschafter. Die Monde dachten bei der Erschaffung des Schachturmes vor allem an den Turm zu Babel und sie gaben deshalb dem zweiten Feld den Buchstaben B."

Bodo ahnte, dass er gleich wieder Plöpp hören würde und er wusste, welche Figur auf welchem Feld erscheinen werde. Daher starrte er auf das B1-Feld.

„Da sowohl vom Weltlichen ins Irdische, als auch vom Irdischen ins Weltliche ein Sprung in die Tiefe beziehungsweise in die Höhe nötig ist, befassten sich die Monde mit der Bedeutung der nächsten Figur. Inspiriert durch die Bedeutung menschlichen Ursprungs, nämlich den Turmsprung nannten sie die zweite Figur den Springer."

PLÖPP. Der Springer war da und er stand auf jenem Feld, das Bodo erahnt hatte. Er war ebenso wunderschön und wieder bestaunten Heytops Schüler die Form.

„Die Monde sahen, dass beide Figuren Turm und Springer zusammengehörten und machten sie daher zum Sinnbild der ‚2 zu 1' - Relationstheorie. Sie koppelten die beiden Felder, auf der beide Figuren standen und nannten es die AB- Verbindung. Diese

wurde in einem Symbol dargestellt, das ich euch an die Tafel schreiben möchte."
Heytop schwebte zur Tafel und schrieb auf ihr die Buchstaben A und B.

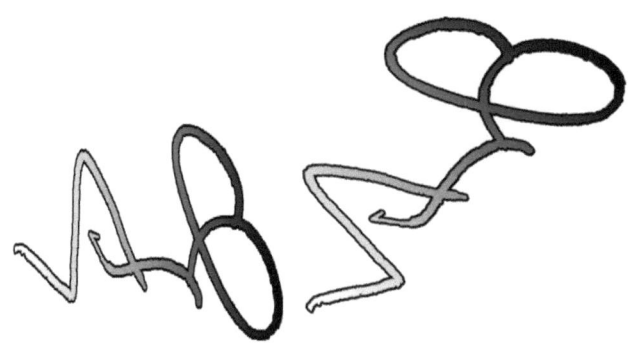

„Hier seht ihr die AB-Verbindung, die darauf hinweist, dass Turm und Springer, genau wie in Rainbow'z Oper, zusammengehören," erklärte Heytop. „Denn nur wenn beide eins geworden sind, erreichen sie das Weltliche. Wenn ich das Zeichen um 270 Grad drehe, beziehungsweise um 90 Grad gegen den Urzeigersinn, erkennt ihr zum einen den Buchstaben ‚G' stellvertretend für das Göttliche und zum anderen ein Herz, das sich von einer Ebene aus, in die Lüfte bewegt."
Heytops Zeichnung drehte sich auf der Tafel um 270 Grad und füllte sie in einigen Bereichen mit Farbe aus.
„Selbst der Buchstabe ‚G' innerhalb des Symbols ließe sich weiter in ein kleingeschriebenes ‚e' und ‚s' unterteilen, so dass ihr sogar die geschlechtslose Form des Göttlichen im Symbol erkennen könntet", erklärte Heytop weiter und ließ die Tafel diese versteckten Buchstaben farbig markieren.
Dann schwebte er wieder vor das Schachbrett und fuhr mit seinem Vortrag fort.
„Wenn wir das Zeichen auf ein Schachbrett so ablegen, dass es die Felder ‚A1' und ‚B1' bedeckt, sehen wir, dass das ‚A' exakt auf dem ‚A' – Feld und das ‚B' exakt auf dem ‚B' – Feld liegt."

Heytop sendete einen Lichtstrahl in Richtung Tafel, der das Zeichen abzog und auf jene Positionen des Schachbretts ablegte.
„Unser Ziel ist es, das Zeichen so zu verschieben, dass beide Buchstaben aus einem Nebeneinander in ein Gegenüber treten, dabei ist es erforderlich, dass das Zeichen den Bedeutungen der Felder gerecht wird," erklärte er und schob das Zeichen über das Brett. Dann zog er seine Laserhand zurück und deutete mit einer Geste seinen Schülern an, es ihm nachzuahmen. Botho war der schnellste und griff hastig nach dem Zeichen. Er hatte zunächst Mühe damit, seine Hände zu steuern, aber irgendwie gelang ihm die Verschiebung des Zeichens. Trotzdem hatte er keine Idee, wie er das Nebeneinander in ein Gegenüber transformieren könne.
„Was können wir tun?" fragte Heytop. „Wir sagen einfach, dass ein Gegenüber von Turm und Springer nur auf den Feldern ‚A1' und ‚A2' möglich ist. Doch wie kommen wir dahin? Durch Verschieben würde der ‚A'-Teil des Zeichens plötzlich auf dem ‚A2'-Feld und der ‚B' – Teil auf dem ‚A1' – Feld landen, dies entspräche aber nicht der Logik des Zeichens. Durch eine 90 Grad Drehung entgegen dem Urzeigersinn hätten wir zwar die Position des Buchstabens ‚A' beibehalten, aber das ‚B' auf einem ‚A' – Feld würde genauso wenig Sinn machen. Außerdem stünden beide Buchstaben auf dem Kopf. Wie kriegen wir es nur hin, dass das Zeichen einen Sinn in der ‚A' – Spalte macht?"
Botho gab noch nicht auf und drehte immer wieder am Zeichen, doch er konnte die Aufgabe nicht lösen. Bodo und Bodö grübelten und sie hatten ebenso keine Idee.
„Ich will es euch verraten", sagte Heytop und löste Botho beim Schieben des Zeichens ab. Er zog es vom Brett hinunter und legte es seitlich neben dem ‚A1'-Feld. „Wir denken uns hinter der ‚A'-Spalte ein Spiegelland A', in dem Turm und Springer bereits vereint sind und lassen jene Verbindung auf dem Schachbrett spiegeln," erklärte er, griff im Raum nach einem kleinen halbdurchsichtigen Spiegel und setzte ihn vor das Zeichen. Bodö, der sich am nächsten an jenem Spiegel befand, schaute hindurch und grinste.

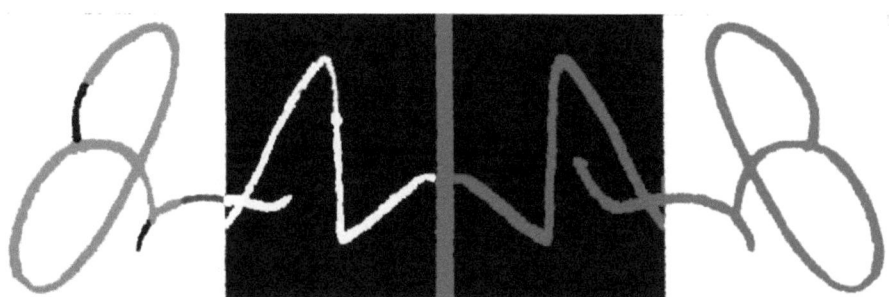

„Was herauskommt ist unsere beliebte ‚2 zu 1' - Theorie, " erzählte er seinen Mitschülern. „Und die macht sowohl von der Auslegung auf dem Schachbrett einen Sinn, weil es hier ja die Reihen 1 und 2 gibt, aber auch von der weltlichen Botschaft, die da spricht, dass nur das ‚2 zu 1' ins Spiegelland führe."

„Sehr schön", lobte Heytop. „Wie ihr seht, sind in der Spiegelung von A-B die Zahlen 2 und 1 enthalten." Heytop grinste stolz, schwebte dann erneut zur Tafel und schrieb an ihr eine mathematische Aufgabe.

„Ich möchte den mathematischen Beweis dieser Theorie führen. Das ‚2 zu 1' führt zur ‚1', aber die ‚1' ist ebenso mit der ‚2' und umgekehrt gleichzusetzen, weil die ‚2' ja nicht aus der ‚1' verschwunden ist, sondern nur zu ihr verschmolzen ist, demnach müsste 2=1 sein, genau wie A=B sein müsste. Um es mathematisch zu beweisen, gehe ich davon aus, dass A eben gleich B ist. Jetzt multipliziere ich beide Seiten mit A und erhalte so $A^2 = AB$. Durch eine Addition von $A^2 - 2AB$ erhalte ich $A^2 + A^2 - 2AB = AB + A^2 - 2AB$. Diese Gleichung vereinfache ich durch $2(A^2 - AB) = A^2 - AB$ und dividiere sie durch $(A^2 - AB)$, so dass ich als Lösung 2=1 erhalte. Natürlich muss ich mich bei der Berechnung von irdischen Gesetzmäßigkeiten lösen, weil die Gesetzmäßigkeiten im Weltlichen eben anders funktionieren. Vielleicht ist die absurde Mathematik dem Weltlichen näher als die traditionelle? Vielleicht müssen wir uns von bestimmten Axiomen lösen. Vielleicht bringt es uns mehr, wenn wir zu mehreren, aber zu voneinander divergierenden Lösungen kommen. Vielleicht führen gerade verschiedene Ergebnisse zu dem Eins-Sein, weil sie mehrdimensional gedacht wurden. Vielleicht schafft die Umkehrung der Regel ‚Punkt kommt vor Strich', in anderen Anwendungsgebieten, sensationelle Ergebnisse. Wenn ich einen Kuchen teile, habe ich zwei Stücke und nicht 0,5. Es heißt zwar, dass ein Kuchen in Teilmengen zu je zwei Elementen zerlegt wird, aber das Ergebnis sind doch eigentlich die zwei Elemente. Es müsste also die Gleichung herauskommen, dass 1 Strich = 2 ist, weil ich ja einen Strich gemacht habe, um einen Kuchen zu teilen. Man teilt eine 1 und hat dann angeblich eine 0 mit einem Komma und dahinter eine 5. Doch wäre das Zehnfache dieser Größe nicht schöner? Es wäre doch schöner, wenn ich die 2 zu einer 1 zusammenführe und dann eine 5 herausbekomme, findet ihr nicht? Dann mache ich das mal."

Heytop ging an die Tafel, schrieb die beiden Zahlen ‚2' und ‚1' in roter Farbe hin und verband sie schließlich mit einem blauen Strich.

„Jetzt muss ich die Zahl noch um 90 Grad gegen den Urzeigersinn drehen und sie vertikal spiegeln, dann bekomme ich die Form der Zahl ‚5' heraus, " erklärte Heytop und übermalte schließlich nach der Spiegelung, den Verbindungsstrich mit roter Farbe, so dass auf der Tafel die Zahl ‚5' erschien.

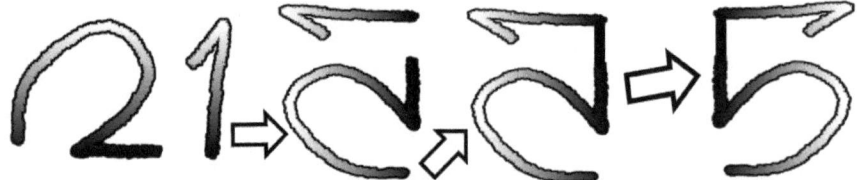

„Erinnert ihr euch noch an den Schlüssel im graphologischen Institut, der in die zweite Tür passte?" fragte Heytop. „Es war der Fünferschlüssel. Die Tür lässt sich dort auf zwei unterschiedliche Weisen öffnen, entweder durch den Fünferschlüssel oder durch den Einserschlüssel kombiniert mit dem Zweierschlüssel. Die Zahl ‚1', entstanden aus der Zahl ‚2', und die Zahl ‚5' sind Stellvertreter für die Größe im Weltlichen."

54

„Aber das verstehe ich nicht", sagte Bodö und kratzte an einem seiner Hügel. „Welchen Unterschied gibt es dann überhaupt zwischen beiden Zahlen?"

„Der Unterschied besteht im Aufenthaltsort", erklärte Heytop. „Das ‚2 zu 1' - Weltliche kann schon auf Erden passieren, wobei das ‚5' – Weltliche nur in der fünften weltlichen Dimension zu finden ist. Daher haben die Monde auf die Figur des Königs ein Kreuz gesetzt, um zu unterstreichen, dass der König sich in den Himmelsrichtungen des Weltlichen befindet. Den König setzten die Monde also auf das fünfte Feld der ersten Reihe mit dem Buchstaben ‚E' für ‚Ewigkeit', ‚Ende', ‚Eden', ‚Ehe', ‚Einigkeit' oder ‚Einheit'."

Heytop schwebte wieder zum Schachbrett und nahm vor seinen Schülern Platz.

„Ich möchte noch mal auf die ursprünglichen Hintergründe der einzelnen Figuren, Buchstaben und Zahlen zurückkommen. Als die Monde den Turm erfanden, machten sie ihn zum Sinnbild für die göttlichen Botschaften. Obwohl diese Botschaften im Irdischen verzerrt erscheinen, so sind sie im Weltlichen geradlinig und daher sollte der Turm beim Schach nur geradlinige Züge in Linien und Reihen tätigen können. Unterschiede gab es in der Farbe der Türme, weiße Türme standen hierbei für göttliche Botschaften und schwarze für die verschleierten göttlichen Botschaften." Heytop griff im Raum nach dem schwarzen Turm und setzte ihn auf das ‚A8'-Feld des Schachbretts.

„Beim weißen Springer dachten die Monde, an den Ursprung, bei den schwarzen dagegen an Menschen, die Hürden ihres Lebens meistern und dem Lebensfluss folgen. Daher durfte die Figur beim Schach über andere Figuren springen. Sie war stellvertretend für Menschen, die die Begabung hatten, sich aus einer negativen Emotion zu befreien, indem diese in eine positive transformiert wurde. Die Monde erdachten sich für die Springerfigur, eine brisante Zug Regel, nämlich jene, dass sich der Springer entsprechend 2 zu 1 Schritte auf dem Schachbrett bewegen dürfe. Dies war zugleich ein Hinweis auf die ‚2 zu 1' – Seelen-Geist-Liebe zu sich selbst und ein Hinweis auf die ‚2 zu 1' – Liebe zweier Menschen. Denn im Leben eines Springers wird diese und dies gilt nicht für jede Schachfigur erreichbar. Die Form des Springer-Zuges bildet zugleich den Buchstaben ‚L', stehend für die Liebe, das Leben und das Licht. So durfte jeder Springer immer zwei Schritte in die eine und einen Schritt in die andere Richtung entlang der Linien und Reihen eines Schachfeldes tätigen. Ein nächstes und ein übernächstes Feld haben so, immer unterschiedliche Farben, entweder Weiß oder Schwarz."

Heytop holte aus dem Raum einen schwarzen Springer und setzte ihn gerecht der Ordnung eines Schachspiels auf sein ‚B8'-Feld. Er klatschte in die Hände, um nicht jede Figur einzeln aufs Brett zu setzten, so dass im Nu die Felder der ersten, zweiten, siebten und achten Reihe mit den dazugehörigen Schachfiguren gefüllt wurden.

„Beim schwarzen Läufer dachten die Monde, an alle Menschen, die vor ihren Problemen weg rannten, an jene, die ihre Geheimnisse hatten und jene, die sich nicht trauten aus ihren Schneckenhäusern zu kommen", fuhr er fort und schaute in den Halbkreis seiner Schüler. „Hat jemand vielleicht im graphologischen Institut den 3er oder 6er Schlüssel ins Schloss gesteckt?"

„Ja, ich", antwortete Bodo. „Ich habe den 3er Schlüssel in die Tür gesteckt."

„Und was ist passiert?" fragte Heytop.

„Ich habe Schritte aus dem Schlüsselloch wahrgenommen, die zunehmend leiser wurden," antwortete Bodo. „Es hörte sich so an, als sei jemand fortgelaufen."

„Ja, das war ein Zeichen auf die Figur des Läufers, die sich auf den dritten Linien eines Schachbretts befinden," erklärte Heytop. „Bei den weißen Läufern dachten die Monde an alle Wesen im Weltlichen, die schon zur Ewigkeit gefunden haben und hier jeweilige Funktionen haben. Daher sollte der Läufer sich niemals auf ein anderes Feld bewegen dürfen, als das seiner Farbe. Seine Züge erlaubten somit nur Schritte in diagonaler Richtung."

Heytop veranschaulichte mit einer Läuferfigur dessen Schritte, griff dann aber nach einer Figur der Dame.

„Die weiße Dame stand für jenen Teil des Königs, der sich überall hinbewegen durfte. Die Monde dachten insbesondere an das Geistige im Überall. Die schwarze Dame war Sinnbild für alle negativen Gedanken und Strömungen im Irdischen, das für eine Trennung beider Seiten sorgte."

Heytop setzte die Dame wieder ab und nahm nun den König in die Hand.

„Beim weißen König dachten sie an das Göttliche, das Seelische, die Liebe, das Leben, die Freude. Beim schwarzen König an Menschen, die sich in eine Führerposition setzten ohne dabei weltliche Botschaften zu verkünden," erklärte Heytop, wobei er den König wieder absetzte und eine Bauernfigur an sich nahm.

„Bei den Bauern auf der irdischen Seite dachten sie an alle Mitläufer, die keine eigene Meinung hatten, immer nur die Meinung anderer, denen sie sich unterwarfen, annahmen. Leider gab es zu viele Menschen, die einem Mitläufer gleich kamen, so dass die Monde genauso viel Bauernfiguren erfanden, wie alle bisherigen Figuren zusammen, und sie hinter die erste menschliche Reihe setzten, um eben zum Ausdruck zu bringen, dass sie im Schatten anderer Menschen stehen. Die weißen Bauern dagegen kamen den Strichmännchen gleich, die zu fleißigen Helfern des Weltlichen wurden."

Heytop setzte die Bauernfigur zurück auf seine Position und strahlte dann seine Schüler an. Bodo gingen Heytops Erläuterungen durch den Kopf und offenbar passte alles zusammen.

„Wer hätte gedacht, dass hinter einem Schachspiel eine weltliche Bedeutung steckt", dachte er.

Botho hingegen knubbelte sich an der Nase.

„Etwas verstehe ich nicht", sagte er. „Die ‚2 zu 1' – Theorie besagt, dass der Turmsprung nur auf den Feldern ‚A1' und ‚A2' zustande kommt. Aber die menschlichen Figuren stehen doch in den Reihen

7 und 8, müssen sie dann bis zur ersten Reihe vorstoßen, um dem König nahe zu kommen?"

„Ja", antwortete Heytop. „Die Regel besagt, dass sie, um zum Gegenüber zu gelangen, von sich aus bis ins achte Feld vorstoßen müssen, genau wie bei ‚Alice im Wunderland'. Hier wird ihre schwarze Farbe durch eine weiße ausgetauscht. Den geradlinigsten Weg hat der Turm. Wenn sich ihm keine andere Figur mehr in den Weg stellt, kann er mit einem Zug durchziehen. Als Bote hat er alle Prüfungen hinter sich. Der Springer benötigt vier Züge. Der erste ist ein auslösender Schlag, der ihn in den Emotionskanal befördert, der zweite Zug bringt ihn auf seinen Handlungsstrang und der dritte ist das Erlernen des weltlichen Wissens, das ihn mit dem 4. Zug auf dem ‚A1'-Feld in einen Turmspringer verwandelt," erklärte Heytop.

„Und was ist mit den anderen Figuren? Haben diese eine Möglichkeit in die erste Reihe vorzudringen?" fragte Bodo.

„Ja, aber nicht als das, was sie sind. Sie müssen vorher den Status von Springer und Turm erreichen," antwortete Heytop. „Ein Läufer muss sich zunächst seinen Problemen stellen, um Springer zu werden, ein Bauer muss lernen sich selbst zu verwirklichen und ein schwarzer König muss sich von seiner Boshaftigkeit lösen. Frieden und Liebe mit sich und anderen erreichen. Dann kann jeder in unser Reich gelangen."

„Und worin liegt die Bedeutung von Turm und Springer, die sich auf der ‚G' und ‚H' - Linie befinden?" fragte Bodo.

„Dazu komme ich jetzt", sagte Heytop. „Der A-B-Turmsprung bezieht sich auf das ‚2 zu 1' des Selbst und der ‚G-H' – Turmsprung bezieht sich auf das ‚2 zu 1' zweier Menschen. Du, Bodo, hast den A-B-Turmsprung ab ins Weltliche schon hinter dir, für den G-H –Turmsprung kommst du noch einmal zurück auf die Erde, um den Menschen zu finden, der für dich ausgewählt wurde. Wenn du dann die Liebe gefunden hast, werdet ihr beide eine ewige Königsgröße hier im Weltlichen annehmen können. Der Buchstabe ‚G' steht dabei für die Gottesgröße und der Buchstabe ‚H' für die Höhe des Herrn. Die siebte Linie auf dem Schachfeld *steht für die sieben Tage, die zur Schaffung der Erde nötig waren und für die sieben Weltwunder, wobei die achte Linie für den achten Tag, den Welttag und für das achte Weltwunder, nämlich Gott steht. Als Zeichen wählten die Monde zweimal den runden Buchstaben ‚O', der für zwei Ringe und an die Verschmelzung ‚2 zu 1' erinnern sollte."*

Heytop ergriff im Raum wie aus dem Nichts zwei Ringe, die er nebeneinander auf dem Schachbrett ablegte.

„Das Wort der Verschmelzung nannten sie Hochzeit für die hohe Zeit, die Ehe, die Ewigkeit. Und da die Ewigkeit gleich der Unendlichkeit zu setzen ist, erfanden sie als Unendlichkeitszeichen eine um 90 Grad verschobene ‚8', die genauso aussieht wie das Glas eines Fernglases, von dem man aus dem Weltlichen auf die Erde sehen kann."

„Haben denn die Formen anderer Zahlen oder Buchstaben eine Bedeutung?" fragte Bodo.

„Oh ja, " antwortete Heytop. „Alles hat eine Bedeutung. Ich komme mal zu den Positionen, auf denen die Läufer stehen. Es ist die 3. und die 6. Linie, auch als ‚C' und ‚F' – Linie benannt. Ich will euch zunächst mal die Bedeutung der beiden Zahlen ‚3' und ‚6' erklären. Da der Läufer fern von einer weltlichen Ehe ist, schnitten die Monde von der Zahl ‚8' von oben nach unten die Hälfte ab und so wurde die Zahl ‚3' zu einer unseligen Zahl. Sie dachten daran, dass es in der Drei noch eine weitere Trennung des Irdischen zum Weltlichen geben muss und so nannten sie die dritte Seite die teuflische Seite. In der Zahl ‚3' waren so in der Form zwei Räume im Dazwischen entstanden. Ein Läufer müsse erst seine teuflische Seite überwinden und dann seine menschliche, um schließlich zur weltlichen zu gelangen. Im Laufe der Geschichte wurde jene Zahl immer mehr zu einer Teufelszahl und so entstand das Symbol des Dreizacks. An der Drei wurde ein Stab angebracht, den dann finstere Gestalten in Mythologien tragen sollten. Zunächst war es Poseidon, der in der griechischen Mythologie mit seinem Dreizack Meereskatastrophen herbeibeschwor, später dann der Teufel mit seiner dreizackigen Gabel."

Heytop strahlte die Tafel an, die daraufhin Bilder vom Dreizack und von Poseidon sowie Karikaturen vom Teufel anzeigte.

„Für die Form der Zahl 6 nahmen die Monde das spiralförmige Symbol auf der Fassade einer Schnecke, das dann irgendwann durch menschliche Überlieferung in eine Null mit einem Häkchen drüber umgewandelt wurde. Die Zahl sollte an die sechs Emotionen des Seins erinnern und an jene vier davon, die beim Läufer stark vertreten sind, nämlich Angst, Wut, Trauer und die Null und Nichts-Emotion, die in der Dunkelheit des Emotionskanals auftauchen. Die Monde wussten zu jenem Zeitpunkt noch nicht, wie sie das Wort ‚Sechs' in andere Sprachen nennen sollten, also lauschten sie an den Rohren von Emotionskanälen einiger Menschen."

Heytop malte mit seiner Hand eine Schnecke in die Luft. Dann nahm er die Figur eines schwarzen Läufers in die Hand und knetete aus ihr ein Ohr, das er an das Gehäuse anfügte. Aus jenem Ohr ertönte das Wort „Sadist".

„‚Sadist,' rief eine Stimme, die gerade in ihrer Dunkelheit Höllenqualen erlitt," fuhr Heytop fort und erklärte die kommenden Worte, die aus dem Schneckenhaus erklungen.

„Eine andere rief ‚Sau', weil es in ihrem Emotionskanal sehr dreckig war und wieder eine andere rief ‚Hart', weil es für sie sehr hart war im Emotionskanal zu verweilen. Die Stimme eines Engländers rief ‚Exit' für tot, weil er sich wünschte lieber tot zu sein, als die ‚Null und Nichts' – Emotion noch weiter ertragen zu müssen und ein anderer rief ‚Oh no'. Eine andere Stimme zitterte vor Angst und brachte das Wort ‚Zitter' heraus und wieder eine andere rief ‚Asche', weil sie das Gefühl hatte in ihrer eigenen Emotion zu verbrennen. Die Stimme eines Menschen, der keine Liebe kannte, sondern nur Lust, rief ‚Sex' und so entstanden Laute über Laute. ‚Aha', dachten sich die Monde. ‚Das sind also die Wörter, die Menschen in den Mund nehmen, wenn sie in ihrem Schneckenhaus gefangen sind.' Also übersetzten sie die Zahl ‚6' in verschiedenen Sprachen mit jenen Wörtern aus dem Emotionskanal."

Heytop knetete die Schnecke und das Ohr zu der Zahl ‚Sechs' zusammen und schleuderte sie über einen Laserstrahl in die Richtung der Worttrommel. Wie ein Blitz wurde die Sechs erfasst und geradewegs in die Öffnung der Maschine transportiert. Aus dem Lautsprecher ertönte das Wort „Sadist".

„Sie setzten jeden Laut in eine andere Sprache und so wurde aus dem Laut ‚Sadist' das amharische Wort für ‚Sechs', " erklärte Heytop. Danach erklangen aus der Worttrommel die Übersetzungen der Zahl in andere Sprachen. Seine Schüler lauschten den Lauten aufmerksam und Botho bewegte sogar seine Ohren, damit ihm nichts entgehe.

„Aus dem Laut ‚Sau' wurde das vietnamesische Wort, " fuhr Heytop fort. „Aus dem Laut ‚Hart' das ungarische, aus ‚Exit' das griechische, aus ‚Oh no' das samoanische, aus ‚Zitter' das kisuahelische, aus ‚Asche' das gälische', aus ‚Scheiße' das rumänische und aus ‚Sex' das norwegische Wort für die Zahl ‚6'. Irgendwann stellten Menschen fest, dass die Zahl wirklich mit vielen unseligen Dingen zu tun hatte, also wurde jene Zahl zur Zahl des Teufels und kombiniert mit der Zahl ‚3' hieß es, dass dreimal die sechs hintereinandergeschrieben, die Zahl des Teufels sei, ohne dass die Menschen dabei erkannten, dass sie den Teufel nur in sich selbst trugen."

„Stimmt", stieß Bodo hervor und streckte seinen Zeigefinger ansatzweise nach oben. „Ich erinnere mich an eine Religionsstunde in der Schulzeit, in der wir die Offenbarung des Johannes behandelt haben, hier stand die Zahl ‚666' für die Zahl des Ungeheuers."

„Ja", sagte Heytop. „Das kommt nicht von ungefähr. Ich könnte euch zahllose Beispiele zur Mystik der Zahlen nennen. Oft waren die irdischen Erkenntnisse zur Numerologie schon nah an den weltlichen, auch wenn sich einige Fehler einschlichen. Ein Beispiel findet sich bei den alten Griechen, die die Magie in der Zahl ‚5' sahen, weil sie die Summe aus den Zahlen ‚3' und ‚2' war. Im alten Griechenland stand die ‚3' nämlich für das ‚männliche' und die ‚2'

für das weibliche. Für sie kam die ‚5' durch das ‚2 plus 3' zustande und dennoch war es indirekt ein ‚2 zu 1'."

Heytop schwebte im Klassenzimmer hin und her, setzte sich dann aber auf das Pult.

„Ich könnte euch noch so viel über die weltliche Numerologie und Buchstabenkunde erzählen, aber das stelle ich zurück, weil es zu umfangreich wäre. Aber denkt daran, hinter allem steckt eine Bedeutung. In Weltsprache hattet ihr gelernt, dass bei der Übersetzung mancher Wörter Buchstaben weggelassen werden. Eigentlich werden diese Buchstaben nicht weggelassen, sondern können nochmals mithilfe eines bestimmten Schlüsselprinzips übersetzt werden. Die Erklärung dieser Regel wäre zu umfangreich. Ich möchte viel lieber die Entwicklung der Schachkunde auf Erden kurz anreißen."

Heytop schwebte abermals zurück zum Schachbrett und strich mit seiner Laserhand darüber.

„Die Monde schickten die Idee des Schachspiels an alle Kulturen. Das ist der Grund, warum der Ursprung des Schachspiels bis heute umstritten ist. Manche glauben, es sei in der chinesischen Kultur entstanden, andere in der indischen. Tatsächlich gab es aber in jeder Kultur ein erstes Schachspiel. So in der altgriechischen Kultur. Beim ersten griechischen Schachspiel erschienen Götter der griechischen Mythologie auf dem Brett, weil es ein göttliches Spiel werden sollte. Der Figur des Turms erhielt die Form des Götterboten Hermes, der mit seinem Kerykeion auf das Reich des Weltlichen verwies. Der Läufer war Poseidon mit seinem Dreizack und der Springer war jenes Pferd, das Poseidon aus dem Felsen Attikas schlug."

Heytop schnippte mit seinen Fingern in die Richtung der Figuren, worauf sie sich in jene der Mythologie verwandelten. Bodo, Bodö und Botho staunten, weil sie in ihrer Form besonders prachtvolle Kunstwerke waren. Es war jedem bewusst, dass ein solches Schachspiel, wenn es auf Erden existieren würde, unbezahlbar sei. Heytop schnippte ein zweites Mal mit seinen Fingern und die verwandelten Figuren wurden wieder in ihren ursprünglichen Zustand versetzt.

„Zur Vereinfachung bei der Produktion von Schachspielen wurden die Formen der Figuren später verändert", fuhr Heytop fort. Seine Schüler schauten ein wenig enttäuscht. Die Formen waren zwar noch immer beeindruckend, doch sie bestanden nur noch aus irdischen Materialien, wobei jene der Mythologie aus weltlichen bestanden hatten.

„Der Turm bekam wieder die Form des Turmes und der Läufer bekam die Form eines vergrößerten Bauern", ergänzte Heytop. „Die Pferdefigur des Springers konnte sich in Südeuropa etablieren. In Indien, wo am meisten Schach gespielt wurde, wurde der Springer ein Tiger und der Läufer ein Elefant. In Ägypten bekam dagegen der Turm eine andere Form, nämlich die von Tempeln und Pyramiden."

Heytop nahm das Schachspiel. „Dann starb das Schachspiel jedoch für einige Jahrhunderte aus", erklärte er, wobei sein Arm, einen Laserstrahl produzierte, welcher im Raum eine Digitaluhr abbildete. Die Zahlen der Zeitanzeige wechselten dabei in raschen Zügen, bis sie bei 600 stehen blieben.

„Es wurde erst 600 v. Chr. in Indien wieder kultiviert, " sagte Heytop, während er seinen linken Arm um seinen Körper wickelte. Das Schachspiel schwebte aktuell im Raum.

„Hier entwickelte es sich als strategisches Kriegsspiel und die weltlichen Botschaften wurden vergessen. In den Folgejahrhunderten transformierte sich die Bedeutung noch weiter. Das Kreuz auf der Königsfigur wurde in der Zeit nach Christus als Symbol des Todes interpretiert. Nicht mehr als Richtungsweiser."

Heytop hob das A-B- Zeichen hoch, das noch immer vor der A-Linie lag und presste es sich wie ein Amulett an den Hals. Seine Schüler staunten, denn ein kleiner feiner gekringelter Lichtstrahl fuhr jetzt durch das Amulett und bildete eine Kette um Heytops Hals.

„Zu dieser Zeit hatten die Monde schon längst ein anderes Zeichen ausgewählt das für das Leben nach dem Leben stehen sollte, um

eben den Tod von dem Weltlichen fernzuhalten," fuhr Heytop fort, während er das Zeichen sanft berührte. Das Zeichen drehte sich immer wieder im Urzeigersinn und spiegelverkehrt, so dass seine verschiedenen Botschaften wiederholend sichtbar wurden.
„Sie ließen einen Goldschmied ein Amulett mit dem gedrehten A-B – Zeichen anfertigen und es unter die Menschen bringen", erklärte er weiter. „Leider wurde das Zeichen jedoch nicht von den Menschen erkannt und so verschwand es irgendwo wieder."
Bodo beobachtete, wie Heytops Amulett, an die Stelle seines Herzens hinabrutschte und sich dort auflöste.
„Die Kultur des Schachs änderte sich weiter", ergänzte Heytop. „Es entstanden Meisterschaften und das Schachspielen wurde zu einer sportlichen Disziplin. Doch der weltliche Ursprung wurde bis heute vergessen. Mittlerweile gibt es in allen Ländern der Erde Schachspiele und mit viel Phantasie haben die Figuren in einigen Kulturen neue Formen bekommen. So kann in Australien der Springer, ein Känguru sein; in Russland die Damefigur, die Matruschka oder in Frankreich der Turm, der Eiffelturm."
Heytop nahm das Schachspiel und brachte es in den Wandschrank. „So", sagte er. „So viel zur Schachkunde. Hat noch jemand eine Frage dazu?"

Ich denke nicht, eine witzige Idee, Micha.

Wer weiß, vielleicht stecken darin ja Wahrheiten über die wir noch nichts wissen. Ich hatte ja in Interview 3 von meinem Schachorakel-Experiment erzählt, worin ich Botschaften durch Buchstabenkombination, aufgrund einer 2 zu 1 Schrittfolge auf dem Schachbrett erkannte.

1999

In den Anagrammen tauchen manchmal verbleibende Restbuchstaben wie das C auf, vielleicht ließe sich dieser verbleibende Rest, tatsächlich über die Schachkunde entschlüsseln. Passend zu dieser Mystik, kann ich das Thema des nächsten Interviews ankündigen, worin es um Mystisches, Spirituelles, Mythologien und Rätsel geht. Tschüss!

INTERVIEW 13: MYSTISCHES, RAETSEL

Hallo Leute, herzlich willkommen zur dreizehnten Ausgabe von Werhatdieidee – TV. Heute geht es um das Thema Mystisches und Rätsel. Hallo Micha, ich bin gespannt.

Hallo Silvio, ich auch. Wir hatten in Interview 10 ja schon das spannende Anagramm zu Geheimnis Atlantis. Ich bin gespannt, was bei anderen Rätseln so erscheinen wird. Also. Es geht los mit der Legende von Big Foot, der auch unter dem Namen Sasquatch bekannt ist. Gibt es ihn? Was sagen die Anagramme?

BIG FOOT

GIB FOTO

SASQUATCH

AS QUATSCH → AS (als, wie, so)

Ja, so wie ich es deute, wird diese Legende entmystifiziert. „Gib Foto" sagt mir zunächst, „zeige mir ein Foto, auf dem Big Foot klar zu erkennen wäre, dann habe ich einen Beweis". Diese Botschaft lässt es zunächst offen. Jedoch „as Quatsch" deute ich dann so, dass „Big Foot" durch Menschen erfunden wurde. Tut mir leid. Selbst die Übersetzung von Big Foot zu Groß Fuß gibt als Anagramm nur folgendes her.

GROSS FUSS

FOU GRSSSS → FOU (franz. Narr), GRSSSS (vielleicht Laute eines Grizzlybären?)

Wurden die Menschen vielleicht durch eine Legende zum Narren gehalten und bei Big Foot handelte es sich in Wahrheit um einen Grizzlybären, wer weiß. Hier die nächsten Anagramme.

ALIEN INVASION	→ INVASION (Einfall, Ankommen)
NASA VIEL IN ION	→ ION (Ionen)
AUF VIELEN FOTO	
NA OFT VIELE UFO	
UFO TIEFEN OVAL	
AFFE EVOLUTION	
ANLIEF VETO UFO	
VETO AUF FOLIEN	→ VETO (Einspruch)
NA VETO; UFO FIEL	

Nun, was UFOs angeht, lese ich etwas anderes aus den Anagrammen heraus. Hier dran erscheint eher etwas wahr zu sein, als bei Big Foot. Die Anagramme erzählen uns, dass ein UFO fiel, dass UFOs auf vielen Fotos und Folien sichtbar seien und dass der Mensch, der sich als Nachfahre der Affen bezeichnet, vehement Einspruch einlegte, dass es sich bei den Objekten auf den Bildern nicht um UFOs handeln würde.

Glaubst du an UFOs?

Ich glaube oder besser gesagt, bin in meinem tiefen inneren überzeugt, dass es das göttlich Weltliche gibt. Dies schließt aber trotzdem nicht die Existenz von anderen Lebewesen auf anderen, in der Anzahl sehr großen Menge an Planeten im Universum aus, die auf ihre Weise ihre Erfahrungen machen und die potentiell in ihrer technologischen Entwicklung sehr viel weiter sind, als wir. Diese haben vielleicht ein höheres Wissen als wir, wodurch sie uns vielleicht ab und an besuchen, aber nicht in unser Leben eindringen. An diese feindlichen Aliens aus Filmen glaube ich jedoch nicht. Am Nachthimmel konnte ich schon das eine und andere Mal Objekte beobachten, die für mich in ihrer Bewegung und in ihrem Tempo kein Flugzeug, keine Sternschnuppe, Weltraummüll oder Meteorschauer sein können. Einmal war ich mit einem Freund unterwegs und da haben wir beide eine Kolonne aus sechs unbekannten Flugobjekten am Himmel gesehen. Je zwei bewegten sich nebeneinander und alle sechs sind zeitgleich auch wieder verschwunden. Wer weiß, was das war. Zunächst dachten wir an Miniheißluftballons, die irgendwer gezündet haben könnte, aber es war nirgends eine Veranstaltung in der Nähe. Außerdem erschien das Bewegungstempo, die Synchronität und das gleichzeitige Verschwinden nicht auf diese Luftballons hinzudeuten.

Ich hatte auch schon drei bewusste Träume. Im August 1998 träumte ich mal, ich wäre von Lichtwesen weggebracht worden, im November 1998 hatte ich einen umgekehrten Traum, hier besuchten mich die Lichtwesen in meiner Wohnung und Anfang diesen Jahres hatte ich einen sehr reell erscheinenden Traum. In diesem besaß ich eine Wohnung irgendwo in einem Hochhaus. Bis etwa fünf Meter vor meinem Balkon schwebte ein ovales UFO und blieb für einen Moment in der Luft stehen. Es zog mich zu sich, ohne dass ich dagegen hätte steuern können. Aus dem Ufo kam eine Art Laserstrahl, der einen Weg zwischen dem Zugang zum UFO und dem Balkongeländer bildete. Da ich in diesem Traum in einer sehr hohen Etage wohnte, sagte ich während ich gesteuert auf das Balkongeländer kletterte: „Es ist euch aber schon klar, dass ich Höhenangst habe." Ich lief also über diesen Laserstrahl ins UFO. Dieses bewegte sich daraufhin mit enormem Tempo in die Lüfte. Es ging sehr schnell und ich konnte die Erde sehr schnell aus sehr weiter Entfernung beobachten. Der Blick war unbeschreiblich schön, allerdings hatte von dort aus gesehen, die Erde nicht die Form einer Kugel, sondern eines andern für mich nicht beschreibbaren Körpers. Meine Aufregung, was noch kommen würde, wohin ich gebracht würde, war sehr groß, so dass sich mein Herzschlag rasend erhöhte. Daraufhin hörte ich eine frauenähnliche Stimme in Stereo sagen: „Das können wir nicht machen, er bekommt noch einen Herzinfarkt." In Sekundenschnelle muss ich wieder zurückgebracht worden sein, denn ich erwachte aus dem Traum und befand mich in meinem Bett. Der Traum fühlte sich sehr reell an, daher halte ich es nicht für ausgeschlossen, dass ich auf einer, wie auch immer gelagerten Ebene, diesen Flug im UFO erlebt habe. Doch kommen wir zum nächsten Anagramm.

BAD IM ERDRUECKE	→ ERDRUECKE (Erdrücken, Rücken Erde)
DIR MADE BRUECKE	→ MADE (gemacht)
BERMUDA DREIECK	

Wenn mit Bad Ozean gemeint ist, würde Rücken Erde irgendwie in Bezug auf Bermuda Dreieck schon Sinn machen. Immer wenn ich daran denke, habe ich ein Bild im Kopf, das wie ein Doppeltrichter bzw. eine Sanduhr im Ozean aussieht. Dies Gebilde zieht etwas von der einen Seite ins Wasser ein und bringt es auf eine andere Seite, wo immer die auch sein mag. Keine Ahnung, woher dieses Bild kommt. Vielleicht ist es ja tatsächlich eine Brücke, die woanders hin führt. Im Geheimnis Atlantis Anagramm hatten wir ja auch die Seagates. Doch was ist mit dem Bernsteinzimmer passiert?

BERNSTEINZIMMER	
ZIMMER IN STERBEN	
SIE BRENNT ZIMMER	
IMMER REST BENZIN	
ZEMENTS BIRNE MIR	→ Abrissbirne
ZIMMER IN BERSTEN	→ BERSTEN (auseinander brechen)

MINI M ZERBERSTEN

ZERRIEB NEST NIMM

ZIMMERN BREI NEST

ZERRIEBEN NIMMST

ER BESITZERN NIMM

SETZ MIR IN BREMEN → Im Jahr 1997 wurde in Bremen ein Mosaik beschlagnahmt, das laut Sachverständigern ein Stück des echten Bernsteinzimmers sein könnte.

NEBENZIMMER RITS

ZIMMER IN STREBEN

Es ist schon kurios, dass im Anagramm zu Bernsteinzimmer so viele Wörter erscheinen, die auf die Zerstörung des Zimmers hindeuten. Das Zimmer ist geborsten, zerrieben, gestorben, wurde verbrannt, zu Brei, die Zement Birne kommt drin vor. Es erscheinen doch erstaunlich viele Sachverhalte, die sich mit dem Zimmer in Bezug setzen lassen.

DREIZEHN

DEIN HERZ

ES SCHLAEGT DREIZEHN

ES GESCHNEIDERT ZAHL

DEIN HERZ ES SCHLAEGT

REG EINS SEH ZELTDACH

HERZES LEGT DACH EINS

EINS DACH LEHRGESETZ

Scheint so, als sei die Zahl 13 doch keine Unglückszahl. Mit „es schlägt 13" ist in der neuen Übersetzung dann gemeint, dein Herz schlägt. Auf der Uhr ist die 13 zugleich auch wieder die 1. Schauen wir uns mal etwas zu den sieben Weltwundern an.

SIEBEN WELTWUNDER

BEWEISEND NUR WELT

DENN URWELT BEWEIS

WEILS BEWUNDERTEN

ER WEILS TUN WEBEND

URWELT IN WEBENDES

DR W WIESENBLUETEN

WEN WIRS BUENDELTE

WIRBELNDE WUESTEN

WIE WER UNS BLENDET

WEILS WEN TRUEBEND

WIE WER NEBELDUNST

WER TUE BLIND WESEN

WEN BILDES UNWERTE

LEB ENDEN WIE WURST → zwei Seiten

WIR BUENDELT WESEN

WENN WURDEST LIEBE

UND WEN WIR BESEELT

WEN UNS WERTE BILDE

UND WIE LEBENSWERT

WEN BUND REISEWELT

ERWEISEN WELTBUND

Schon erstaunlich, wie stimmig die Botschaft im Anagramm zum Phänomen „sieben Weltwunder" ist. Erstaunlich auch die Zeile, dass sie der Beweis für eine Urwelt seien. Verschiedene Theorien sagen ja, dass bestimmte Bauwerke, weitaus früher erbaut wurden, als angenommen. So nimmt z.B. Erich von Däniken an, dass bestimmte architektonische Gebilde nicht auf die Inkas zurückzuführen sind. Auf dem gesamten Erdball gibt es zahlreiche Bauanlagen, dessen Entstehung nicht geklärt ist, wäre spannend zu jedem einzelnen mal den Anagrammcode zu untersuchen, was allerdings hier die Kapazität dieses Buches sprengen würde. Aber vielleicht begibt sich ja eines Tages jemand an diese Aufgabe.

Es ist auch erstaunlich, wie viel potentiell noch an archäologischen Funden auf uns wartet. Manche Funde, die bereits gemacht wurden, sind schon sehr erstaunlich und alles andere als primitiv. Vielleicht gab es ja tatsächlich vor vielen Jahrtausenden Hochkulturen, die weitaus weiter in der technologischen Entwicklung waren, als wir heute. Auch zu diesem Thema könnte man Fragen als Anagrammcode stellen. Doch jetzt schauen wir uns mal einzelne Weltwunder an.

HAENGENDE GAERTEN

ENGE HAENDE TRAGEN

A DA GEHEGE TRENNEN

ENGE HERDE ANGETAN

ENTHAARENDE EGGEN

NAEHRENDE TEE GANG

ANHAENGEND TEER EG:

GANGARTEN EDEN EHE!

In dem vorausgehenden Anagramm erscheinen die Botschaften, dass Flora und Fauna durch den Bau der hängenden Gärten verändert wurden, was stimmig wäre.

LEUCHTURM PHAROS	→ zählt zu einem der sieben Weltwunder
HOCHSTAPLER UM UR	
URLACHER POSTHUM	→ POSTHUM (nach dem Tod)
LACHER POSTHUM RU´	→ RU (Ruh, Ruhe)
MALOCHE SPUR RUHT	→ MALOCHE (schwere Arbeit)
RUH OUT SCHLAMPER	
URSACHE RUHM PLOT	→ PLOT (Fläche, Grundstück)
ACHTLOSE PUR RUHM	
OH UM PUR RASCHELT	→ PUR (rein, unverfälscht)
OH PUR UMSCHALTER	
PUR SCHAELT HUMOR	
TURMUHR PO LACHSE	
TURMUHR POS LACHE	

RUMPHL TROCHAEUS	→ RUMPHL (rumpel, rumpelig – holperig, uneben), TROCHAEUS (laufend, schnell, nicht metrisch)
CHOLERA HUPST RUM	
UHRMACHERS PLUTO	
LACHTE UM SPUR OHR	
SPUR REAL HOCHMUT	
HUCH PU RESTMORAL	
LOT UM SPRACHE UHR	
UHU; SPRECHART MOL	→ MOL (moll)

Auch beim Leuchtturm von Pharos erscheinen interessante Botschaften, dass von der damaligen Maloche keine Spuren mehr existieren. Hochmut und Ruhm werden genannt, vielleicht Ursachen, warum der Turm heute nicht mehr existiert.

AN PYRAMIDE AEGYPTENE	
YYP ADAPTIEREN MANEGE	→ ADAPTIEREN (anpassen)
YENE PREDIGTE AN YAMPA	→ YENE (jene?), YAMPA (jampa?, jam – Marmelade, Mus)
YAMPA AN ERDIGE TYPENE	→ TYPENE (Typen)
PAARTEN YINE YANG DEEP	→ YINE YANG DEEP (Yin und Yang tief)
YINE YANG MET PAPA ERDE	→ MET (getroffen)

MALAYA DENKER	→ HIMALAYA ? MALAIISCHE HALBINSEL?
LAYEN KAMERAD	→ LAYEN (Laien)

YA KLAMA ERDEN → YA (Ja), KLAMA (Klammer)

DA ALARMEN KEY → KEY (Schlüssel)

YA EAR, DENK MAL → EAR (Ohr)

AL MAYA DENKER → AL (Alt?)

MAYA LENKRADE

MAYA KALENDER

Ich finde das vorausgehende Anagramm auch spannend. Allein aus dem Worte „Kalender" lassen sich die Begriffe „Denker" und „Lenkrade" entdecken. Beides hat mit dem Kalender zu tun, ein Denker, der sich den Kalender ausgedacht hat und ein Lenkrad erinnert an die Form des Kalenders. Ich habe noch ein Anagramm mit einer rätselhaften Botschaft über die man wohl länger nachdenken möchte.

KOORDINATENSYSTEM

DA MYSTERIEN KONTOS → KONTO (hier: Datenstruktur)

DA NETTES MIKRO SONY

DA KISTEN OMEN STORY

MAD SEI KNOTEN STORY → MAD (verrückt, irre, toll)

DA SONNE ROTE MYSTIK

SO MYOSIN KETTENRAD → MYOSIN bezeichnet die Familie von Motorproteinen, die für die Bewegung eines Muskel verantwortlich sind. Bausteine des Myosins sind Aminosäure Ketten. Die Struktur ähnelt einem Kettenrad.

ATOM KREIST SYNODEN → SYNODE (griech. – Versammlung, Treffen)

SO MYSTIK ANORDNETE

KRYESE MONDSTATION → KRYESE (Kreise)

Eine ganze Geschichte, die sehr viel mit dem Ausgangscode zu tun hat, lässt sich in nachfolgendem Anagramm entdecken.

IHR KORNS BACKET SOFT → SOFT (weich)

FREKS SCHROT BOTANIK → FREKS (niederländisch – Freaks)

FREAK SCHNITT – SO KORB

SCHOB ES FINK TRAKTOR → FINK (flink)

FEIN SAKK SCHROTBROT → SAKK (Sack)

KOKON STRICHST FARBE

SCHIKK OFEN BRATROST → SCHIKK (schick)

BEKNACKT SOS IRRT HOF

TORFS STROH ABKNICKE

BOTSCHAFT KORNKREIS

BIS FORSCHER KONTAKT

Schon erstaunlich, Micha, weil die jeweiligen Zeilen in starkem Bezug zueinander stehen.

Ja, finde ich auch, das Anagramm deutet schon darauf hin, dass einige Kornkreise nicht durch menschliches Zutun entstanden sind. Ich habe zwar noch nie einen Kornkreis in echt gesehen, aber ich bin mal vor Jahren an einem Feld vorbeigefahren. Und über diesem

Feld schwebte ein etwa Ei großes rotschimmerndes Lichtkügelchen. Ich habe keine Erklärung, was das gewesen sein könnte, auf jeden Fall musste ich da an Kornkreise denken.

Nach Big Foot muss ich aber jetzt leider wieder eine Legende entmystifizieren. So, wie ich es aus den Anagrammen lese, scheint das Ungeheuer von Loch Ness eine Erfindung gewesen zu sein.

SCHLOSS MENTOREN	→ MENTOR (Ratgeber)
ROCH SSSL MONETEN	→ MONETEN (Geld)
ENTSCHLOSS ENORM	
SCHELM TONNE ROSS	
LOS MENSCHEN ORTS	
SOLCHEM RENNT SOS	
SCHELM ET NON ROSS	→ NON (nicht)
MOORS SSL ENTCHEN	
MONSTER LOCH NESS	

LEGENDE

LEG ENDE

Erstaunlich finde ich auch das nachfolgende Anagramm zu Osterinsel, nicht nur, weil die erscheinenden Zeilen sehr stimmig zueinander passen, sondern, weil in jenem auch ein Doppelbezug steckt, der mit der Fernsehserie „Lost" in Verbindung zu setzen wäre, denn vieles, was als Handlung in dieser Fernsehserie vorkam, passt auch zu den Gegebenheiten des Anagrammcodes, z.B. Verloren auf einer einsamen Insel, eine mysteriöse Riesenskulptur auf der Insel...

SERIEN LOST → LOST (untergegangen, verloren)

ORTES SENIL → SENIL (greisenhaft, hohes Alter)

SENIL SORTE

EIN RESTLOS

EI STERNLOS

INSEL TORES

RIESEN LOST

OSTERINSEL

Es folgen weitere Anagramme. Das erste wird uns sogar Tipps für den Bau eines UFOs geben.

UNO BLUTIGE FAUNA

AUFBAU UNO TILGEN → TILGEN (aufheben, ausgleichen)

BUNT AULA UNO FEIG

AULA BOT EIN UNFUG

LUT AUFGABE UNION → lut (luden von einladen?)

ALFA BEUGT UNI UNO

AUFBAUEN UNO GILT

AUFBAU ONLINE GUT

FINAL GUTE UNO BAU

BAUANLEITUNG UFO

GUTE UNI UFO BANAL

BAUT GENAU UFO NIL

LUFT UNION BAU AEG → (AEG - Slogan: Aus Erfahrung Gut)

BON IGLU AUFTAUEN → BON (gut)

TUN ANBAU FUGE OIL

TUN FIBU ANALOGUE → FIBU (Finanzbuchhaltung), ANALOG (entsprechend)

OI ANBAU LUEFTUNG

FLUGE IN OUT ANBAU

GLAUBT NANU EI UFO

EGO TUN ABLAUF UNI → siehe Gesetz der Anziehung

NA AN KRITERION → KRITERION (Richtmaß)

TAN AN IRONIKER → IRONIKER (von Ironie, Spott?)

AN KINO TERRAIN → TERRAIn (Gelände)

AN TERRA IN KINO → TERRA (Erde, Land)

AKTION AN IRREN

KONTRA IN ARIEN

ANNO IRRE ANTIK

INKA RENN RATIO → RATIO (Berechnung, Vernunft)

RARE AN NIKOTIN → RAR (gering, wenig)

NO INKA RAT REIN

IRON INKA TRANE → IRON (Eisen)

ANNO INKA IRRTE

TRANK AN IRONIE

ANTI NARR IKONE → IKONE (Bild, Abbild)

NATION IN KARRE → KARRE (carré – Quadrat, Einheit)

KONTER NI AN AIR → KONTER (gegen), NI (nie), AIR (Luft)

REINKARNATION

AN ORKAN IN TIER

NO TARN AN REIKI → NO TARN (nicht tarnen?), REIKI (REI – GEIST/SEELE + KI – Lebensenergie)

REIN KINN AORTA → AORTA (ORT AA), AORTA (Hauptschlagader)

AN EI KRAN IN TOR → KRAN (Kranich, Hebekonstruktion)

AN KINN RATE RIO → RIO (Fluss)

RAN IN REAKTION

SYSTEMTHEORIE

OH EITER SYSTEM → EITER (Auswirkung nach Entzündung)

MOSTE HYSTERIE → MOSTE (most – meiste, größte, höchste)

EI ET ROHSYSTEM → ET (und)

EHE MEIST STORY

HEY TEST IM EROS

SEHE TIME STORY

HEY IM SOS RETTE

HEY SO TEST REIM

HEY MIR SO TESTE

EHRT YETI MOSES

HEY RITTE MOSES

REISE ET MYTHOS

RIESE ET MYTHOS

SEIT HERMES TOY → TOY (Spielzeug)

OHM ERSTES YETI

OHM RESTES YETI

MYTHOS SEETIER

HET MYSTERIOES → HET (niederländisch - die, das)

HEY SO MEISTERT

ANNO TRIP ANSTALT → TRIP (Rausch)

TOP NR AN ATLANTIS

PLANT STAR IN NATO → STAR (Stern)

PALAST NATO RINNT

TRAT PLATO AN SINN → PLATO (Platon)

TOP NR SANN ATTILA

AAL TONART SPINNT

PATRONIN ANSTALT → PATRON (Verantwortungsträger)

NON SPITAL ANTRAT → NON SPITAL (nicht Hospital)

TOP RINNSAAL TAT'N → RINNSAL (sehr kleiner Bach)

PAART TALSINN NOT

ALT SPINAT NATRON

TITAN AN PLASTRON → TITAN (chemisches Metall), Plastron (Vorhemd)

TRANSPLANTATION

DA ES FEGEN NUR TEE STIL

ES DA ENTEIGNETE FLURS

ES DA GEREIFTES TUNNEL

DA LIEFERUNGEN TESTES

ES DA SEGELTET INNE RUF

ES DA SEGELTET NUR FEIN

FLIEGENDE UNTERTASSE

ES DA TIEFSEEN LUNGERT

ES DA FEINERE ENGL TUTS

ES DA GERN INS TUEFTELE

ES DA TUEFTELE GRINSEN

ES DA FEE LEITERN GUNST

ES DA UNS ENGL FEIERTET

ES DA SEELEN NETT FIGUR

OK MACHART STEGREIF

OK FERTIGES MACHART

MAGISCHE KRAFTORTE

OK GR FETTE CHARISMA

OK CHEF SAMTARTIGER

IN MIR HEIM GENIES

HIN IMMER IM SIEGE

EI IHM IMMER SINGE

IM INSGEHEIME MIR

GEHEIMNIS IM REIM

CHINESISCHE MAUER

REIHEM AUSSEN CHIC	→ REIHEM (Reihen), CHIC (schick)
SIECHE MANSCHUREI	→ SIECHE (entkräftet), MANDSCHUREI (Region, durch die im Südwesten die chinesische Mauer verläuft)
SCHIRME IN CHAUSEE	→ SCHIRME (abschirmen, Schutz)
ES CHU MASCHINERIE	→ CHU (früheres Königreich im heutigen China)
SI EINMAERSCHE CHU	→ SI (sieh), (der Bau schon früher als angenommen?)

WAERME STROEMUNGEN

WO SEEMAENNER GR MUT	→ GR (groß?)
NUN WOGT MEERES ARME	→ WOGE (hohe starke Welle)
MONSTER WEGRAEUMEN	→ Riesenkrake?

UFO LAND AU FARN	
AUF FAUN RONALD	→ FAUN (Fauna – Tierwelt=
ORA FUN LAND UFO	→ ORA (italienisch – jetzt), Fun (Spaß)
NA DA NUR ALF UFO	
O FUN LAUF RAD ON	
FLORA UND FAUNA	→ FLORA (Pflanzenwelt)

STONEHENGE AVEBURY	
YES, VON EHREN GEBAUT	→ YES (Ja)
YES, GEH VORNE BAUTEN	
YES, VON BAUEN GEEHRT	
YES, HUETEN VORN GABE	
YES, VORGABEN HUETEN	
YES, ET VON GABE UHREN	→ ET (und), UHREN (Zeitmessung)
YES, VETO BEHANG RUNE	→ VETO (Einspruch), hatten nichts mit Runen zu tun, keine Verbindung zu Runenzeichen oder -schriften etc.
YES, ANBETUNG VOR EHE	→ vor Eheschließung

YES, VON EHEBERATUNG	→ Soll ich mit der oder dem?
YES, BUNTE EHE VORANG	
YES, VETO HUENEN GRAB	→ keine Grabstätte?

HEILIGE MATHEMATIK	
IHM GEHEIM ALTAKTIE	
KEIM GLATTHAI HEIME	
HEIM HIT IM TAKELAGE	→ TAKELAGE (Masten und Mastwerk beim Schiff)
HAAG; EI KITTE HIMMEL	
MATHEMAGIE HEIL KIT	
AM MEGALITH EI ETHIK	→ MEGALITH (Stein, Steinblock)
ETHIK HEILT AM IMAGE	→ IMAGE (Bild)

ACH VISUM IN KRYPTON	→ VISUM (Aufenthaltsbestätigung), KRYPTON (Edelgas)
VOYNICH MANUSKRIPT	
ACH VON PUR IN MYSTIK	
VON TYPUS IM KRANICH	
VYP UNI KITSCHROMAN	
VY PIK UNROMANTISCH	
ACH VON TYPUS IN KRIM	→ KRIM (ukrainisch, russisch, krimtatarisch – Schriftbild? Ähnlich Voynich Alphabet)

VON YMI UNPRAKTISCH

UNI VOR AHN PC MYSTIK

NANU MYSTIK VOR CHIP

VYS MIKROCHIP ANTUN

MY VIP RN SUCHAKTION

ARCHIV MYOSIN PUNKT → siehe oben Myosin Kettenrad?

VOR KINN UM A TYPISCH

CU V RINN ATOMPHYSIK

NAIV SICH UM KRYPTON

PIK UM SYNCHRON VATI → synchron (gleichzeitig)

COUP VAN HIRN MYSTIK → Überraschungs- oder Erfolgsleistung, gelungener Streich, Schlag), VAN (niederländisch – von)

ICH VAN MIKRON TYPUS → MIKRON (Mikrometer)

IN TUN VOR MAC PHYSIK

ARCHIV MYSTIK NUN OP → Restaurierung, Entschlüsselungsversuche?

MINI KRACH VON TYPUS

HACKT MINI VON SYRUP → SYRUP (Sirup – Heiltrank, Konzentrat)

PAH CITY; KRIM VON UNS

AU PIK VOM STRYCHNIN

MURPHY VISION NACKT	→ MURPHYS GESETZ?
MY CHUN KONSPIRATIV	→ CHUN (irisch = zu), KONSPIRATIV (geheim, heimlich, verschwörerisch)
IHM INS CANOPY KURVT	→ CANOPY = Baldachin; Ach in Bald; Himmel, Zierdach, Baumkrone

VOYNICH RAETSEL	
ACH VIELEN STORY	
NA LYRISCHE VETO	
´ELCHE NAIV STORY	→ ´ELCHE (welche)
STORY VAN EICHEL	
VOR YACHT SEILEN	
STORY VAN LEICHE	
YA VOR TEILCHENS	→ YA (Ja)
OY SICH RELEVANT	→ RELEVANT (wichtig, bedeutsam)
LOST ARCHIVE YEN	
SO ERACHTE VINYL	→ VINYL (Polyvinylchlorid)
ACH STEREO VINYL	→ VINYL (Schallplatte)
OVERLAY SICHTEN	→ OVERLAY (Auflage)
HEY LIVE CARTONS	
YETI VORS LACHEN	

ECHTER IN SOLVAY → SOLVAY (Verfahren zur Herstellung von Natriumcarbonat)

SEHR OVALEN CITY

SO VAETERLICH NY

HEY VOR IN CASTLE

EHE IST VON ACRYL → ACRYLFARBEN???

Ich muss zugeben, dass jetzt die letzten Anagramme nicht mehr so leicht zu interpretieren sind, wie die ersten, aber vielleicht muss ja auch nicht hier und an dieser Stelle jedes Rätsel gelöst werden. Dennoch erscheinen stimmige Ansatzpunkte, die zu weiteren Forschungen motivieren möchten, vielleicht indem man weiter fragt und ähnlich gelagerte Anagramme zum jeweiligen Thema schafft. Ich hatte vorausgehend zum Voynich Manuskript ja auch das Anagramm zu Voynich Raetsel gebildet, wodurch neue Informationen hinzukamen.

Es sind aber nicht nur die Rätsel und Legenden, es gibt auch noch die Mythologien oder Theorien, z.B. welche von Erich von Däniken, die sich auf ihren Anagrammgehalt überprüfen ließen. Vielleicht wurden Pyramiden und Tempel ja von Riesen erbaut, für die das Aufeinandertürmen der Steine ein Kinderspiel war. Keine Ahnung, welche Antworten wir in Anagrammen finden würden, wenn wir diesbezüglich Fragen stellen. Bis zum nächsten Mal!

INTERVIEW 14: MATHEMATIK, PSYCHOLOGIE , MEDIZIN, NATURWISSENSCHAFTEN

Hallo Leute, herzlich willkommen zur vierzehnten Ausgabe von Werhatdieidee – TV. Mein Name ist Silvio Tunnels und heute geht es um die Themen Naturwissenschaften, Mathematik, Medizin, und Psychologie. Micha, wie lassen sich mithilfe der 2 zu 1 Relationstheorie und mit Blick auf Anagramme neue Erkenntnisse in diesen Disziplinen entdecken?

Ja, hallo Silvio. Ja, wir befassen uns heute mit den von dir genannten Wissenschaften und ich möchte Beispiele bringen, wo entweder die 2 zu 1 – Theorie oder die Anagramme zu neuen Erkenntnissen geführt haben. Zunächst kommen wir zur Mathematik. In der Mathematik gibt es noch viele Rätsel, die entweder nicht oder nur teilweise gelöst wurden. Ich habe mich ja schon mit Geheimnissen von Primzahlzwillingen befasst, aber dazu komme ich später. Ein weiteres Rätsel ist der Vier Farben – Satz.

Darin heißt es, dass man eine Fläche , in der verschiedene Flächen integriert sind, immer mit vier Farben einfärben kann, ohne dass dabei eine jeweilige Nachbarfläche zu einer anderen die gleiche hat. Es sollen also immer vier Farben ausreichen, und dennoch haben alle zueinander grenzenden Flächen eine andere Farbe. Mit Grenzen ist all das gemeint, was größer als ein Punkt ist. Bisher ist es nicht gelungen einen, von allen mathematischen Seiten als anerkannt geltenden Beweis oder Gegenbeweis zu finden.

Deshalb habe ich geschaut, ob sich nicht mit der 2 zu 1 – Relation und der Suche im Naheliegenden eine Lösung finden lässt.

Beim Vier-Farben-Problem muss ich also nach etwas suchen, das das 2 zu 1 beinhaltet. Grundlegend befinden sich auf einer großen Gesamtfläche bzw. Karte also verschiedene Einzelflächen. Man könnte sich jetzt eine mit Farbe befüllte Ausgangsfläche aussuchen, von der man aus, weitere, ihr direkt angrenzende Flächen mit Farbe befüllt. Diese müssen dann so mit Farben gefüllt werden, dass sie, jeweils um die bereits mit Farbe gefüllte Ausgangsfläche, zusammen genommen nicht mehr als drei weitere verschiedene Farben zu der Ausgangsfläche beinhalten dürfen. Ist dieses Problem gelöst, schaffen jetzt aber die den Flächen weiter angrenzenden Flächen eine nächste Herausforderung, denn diese müssen nach gleichem Prinzip mit Farben gefüllt werden, ohne dass dabei die Gesamtfläche bzw. Karte mehr als vier Farben besitzt und ohne, dass dabei zwei über eine Linie aneinandergrenzende Flächen, die gleiche Farbe aufweisen.

Zunächst unbeachtet dessen, geht es beim 2 zu 1 ja nicht um ein 3 zu 1, 4 zu 1 oder 5 zu 1. Dies berücksichtigend würde es im Naheliegenden heißen, dass die Lösung des Rätsels im 2 zu 1 Prinzip, in der Relation von 2 Flächen zueinander zu entdecken wäre. In der Einfachheit gibt es jetzt verschiedene Möglichkeiten, wie zwei Flächen zueinander in Relation stehen können. Eine wäre, dass sich zwei Flächen direkt neben einander befinden, die zweite Möglichkeit wäre, dass sich zwei Flächen überschneiden, wodurch neue Flächen geschaffen werden können und eine dritte Möglichkeit wäre, dass eine Fläche eine andere impliziert. Bei dieser Möglichkeit ist entscheidet, ob Eckpunkte oder Linien der ersten Fläche die zweite berühren, denn auch dadurch können weitere Flächen entstehen.

Zunächst möchte ich mir die erste Möglichkeit anschauen. Hier ist es so, dass immer zwei Flächen entweder durch einen Eckpunkt oder durch eine Linie aneinandergrenzen. Bei dieser Möglichkeit kommt man immer insgesamt mit zwei oder drei verschiedenen Farben aus. Jeweils eine für die jeweiligen beiden Flächen und eine dritte Farbe, für das, was sie umgibt, welches gedacht ja auch für eine Fläche steht. In diesem Paradigma ist es egal, welche geometrischen Flächen aneinander grenzen, ob es sich um Kreise, Dreiecke, Vierecke oder höhere Polygone handelt.

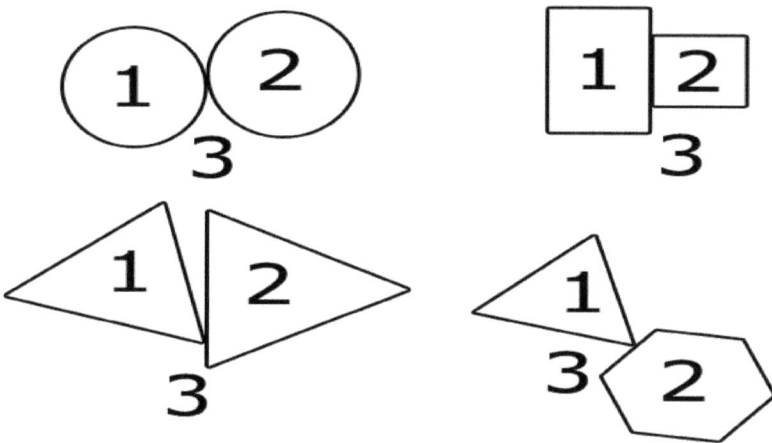

Auf dem oberen Bild ist erkennbar, dass die erste, dritte und vierte Grafik sogar nur mit zwei Farben auskommen würde, da sich die beiden Flächen nur an einem Punkt berühren. Die zweite Grafik hingegen benötigt drei Farben, weil sich die beiden Rechtecke mit einer Seite berühren, wodurch eine Grenze entsteht.

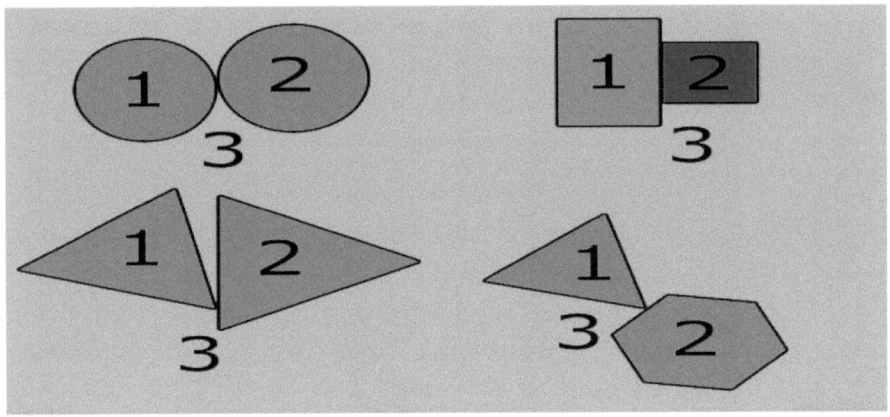

Auch bei der nächsten Möglichkeit reichen drei Farben aus. Das liegt daran, weil durch die Schnittmenge der jeweiligen beiden Flächen eine Abgrenzung der beiden Restflächen zueinander geschaffen wird. Sie dadurch nicht mehr in einem direkten Nebeneinander stehen können. Dadurch wird es möglich, dass die Restflächen mit den gleichen Farben gefüllt werden können. Die dritte Farbe ist dann für eine den Flächen umgebende große Fläche gedacht. Dies zeigen die nachfolgenden Grafikbeispiele:

Interessant wird auch die dritte Möglichkeit, die eine Fläche beschreibt, die eine zweite impliziert. Auch hierfür gibt es verschiedene Paradigmen.

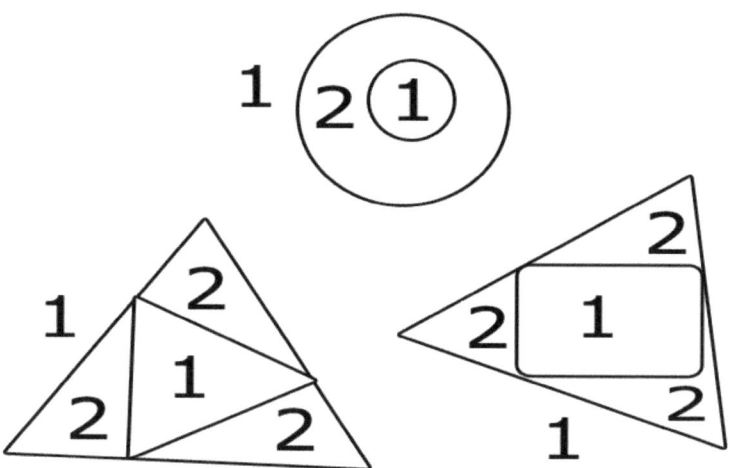

Jetzt gibt es aber ganz bizarre Überlappungsmöglichkeiten von verschieden geformten Flächen.

Die Frage dabei ist, ob diese bizarren Flächen tatsächlich so mit maximal vier Farben gefüllt werden können, ohne dass dabei zwei Flächen mit der gleichen Farbe nebeneinander grenzen.

Ich gehe also wieder zurück zur 2 zu 1 – Theorie und muss sie mit dem Vier Farben Satz in Einklang bringen. Da es um Flächen geht, würde ich also das „2 zu 1" durch ein „zwei Flächen zu einer Fläche" ersetzen. Wenn zwei Flächen einer Fläche gegenüber stehen, zwei Flächen wieder zu einer Fläche verschmelzen möchten, dann muss etwas passiert sein, das aus einer Urfläche zwei gemacht hat. Die Antwort verrät mir die zweite Variable der 2 zu 1 – Theorie, nämlich mein Herzgefühl und dieses sagt, es sind Grenzen entstanden, es ist ein Bruch entstanden. Doch wie hilft mir diese Eingebung jetzt weiter? Ich befinde mich nun in der dritten Phase der 2 zu 1 Lösungssuche, nämlich der Erkenntnis. Und diese offenbart sich darin, dass ich erkenne, dass es auch in der Geometrie Grenzen und Brüche gibt. Demzufolge würde die Lösung in diesem Detail zu finden sein. Daher befasse ich mich nachfolgend mit der Frage, was passiert mit einer Fläche, die gebrochen wird, wie entstehen die Grenzen? Ich schaue mir also weitere Beispiele an.

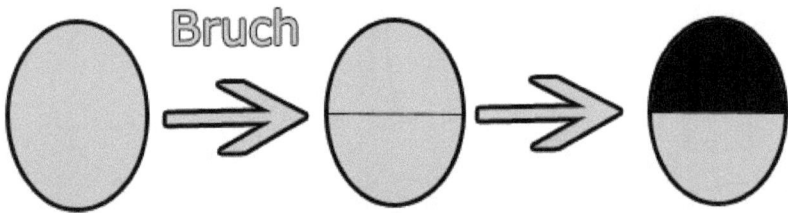

In dieser Grafik zeigt sich, dass sich durch den Bruch die Anzahl der benötigten Farben erhöht. Auch wenn ich hier nur Schwarz- Weiß- und Grau gefärbte Flächen zeige, wird es dennoch erkennbar. (Bitte stellt euch die Weiß-Schwarz-und Graustufen als Farben vor) Zunächst benötigte ich zwei Farben, den grau gefärbten Kreis und das den Kreis umgebende Weiß. Nach dem Bruch benötige ich aber schon drei verschiedene Farben.

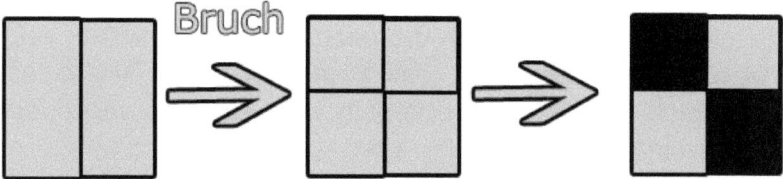

Durch den Bruch in der oberen Grafik ändert sich nichts, was die Anzahl der benötigten Farben angeht. Eigentlich müsste die bereits gebrochene Ausgangsfläche mit zwei Farben gefüllt sein, durch einen weiteren Bruch „zwei Rechtecke in vier Quadrate" würde sich nur die Aufteilung der Einfärbung verändern.

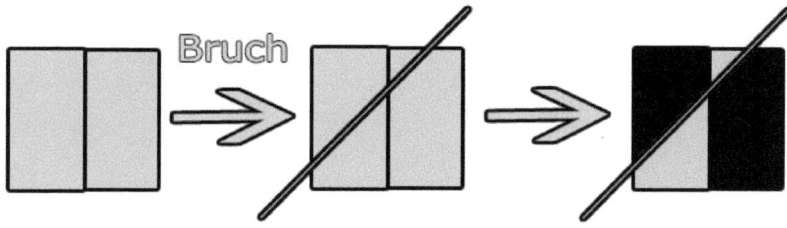

Auch diese Brechung in der oberen Grafik kommt mit drei Farben aus, damit zwei aneinander grenzenden Flächen, nicht die gleiche Farbe haben.

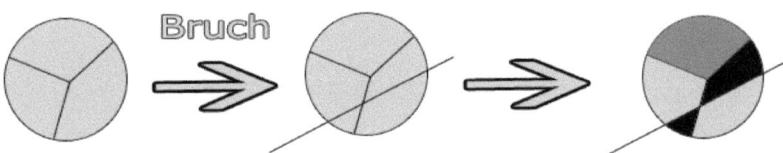

In der oberen Grafik haben wir jetzt ein Beispiel, das inklusive der weißen Außenfläche vier Farben benötigt. Allerdings hat sich durch den Bruch hier auch nichts verändert, denn die Ausgangsfläche bräuchte auch vier Farben für die drei Innenflächen des Kreises und für die Außenfläche. Auch die nachfolgenden Grafiken zeigen, dass trotz des Bruches bzw. des Einfügens einer Fläche in der Fläche keine fünfte Farbe erforderlich wäre, obwohl verschiedene weitere Einzelflächen entstanden sind.

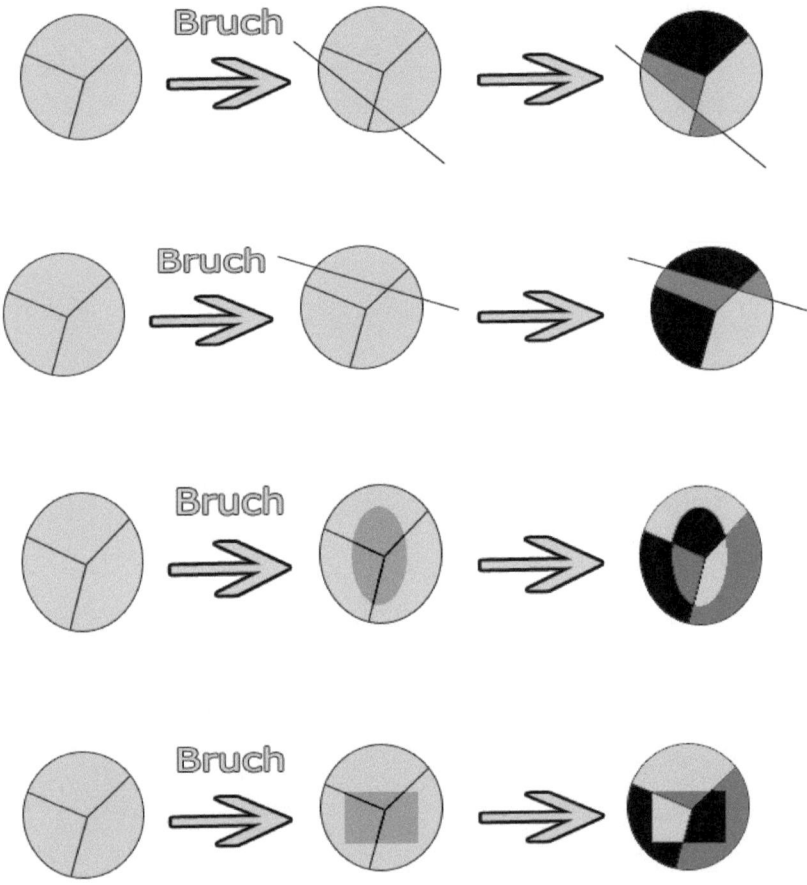

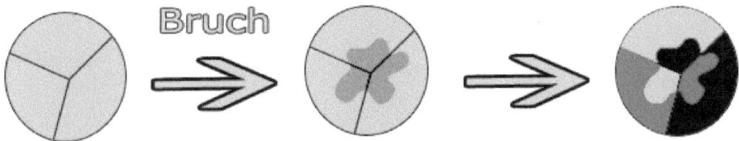

Interessant an den Grafiken ist, dass egal wo im Innenbereich der Ausgangsfläche Brüche gemacht wurden oder Flächen eingeschoben wurden, immer eine bestimmte Symmetrie oder Asymmetrie der Einzelflächen zueinander erzeugt wird, die zugleich dafür sorgt, dass bestimmte Einzelflächen zu anderen so abgegrenzt werden, dass sie keine unmittelbare Grenzlinie mehr zu einer vorherigen haben.

Es erscheint egal, ob man Kreise, Polygone, Flächen mit Ecken oder Rundungen nimmt, sobald eine mindestens vierte neue Fläche hinzukommt, erscheinen irgendwo auch mindestens zwei

Abgrenzungen von Flächen zueinander in derart, dass sie keine unmittelbare Grenzlinie zueinander haben.

Die Frage ist nun, woran liegt das?

Wenn ich mir Flächen Typen anschaue, dann haben alle eine verschieden hohe Anzahl an Seiten. Selbst Flächentypen mit Rundungen muss man sich so denken, dass sie in einer Hochauflösung dennoch durch Ecken gebrochen sind. So hat jede Seite einer Fläche neben sich rechts und links gedacht eine jeweilige weitere Seite. Wenn man jetzt den Umfang einer Fläche abgehen würde, dann würde man entweder auf eine gerade oder ungerade Anzahl an Seiten kommen.

Doch letztlich hat man, wenn man an einer Seite steht, neben sich rechts und links jeweils immer nur eine andere Seite.

Interessant wird es, wenn man die jeweiligen Seiten um eine Fläche herum mit Farben bestreichen möchte, dann gibt es nämlich nur zwei Typen, entweder den Typus, bei dem man mit zwei Farben auskommt oder denjenigen, bei dem man drei Farben benötigt, damit eine letzte Seite, die zu der Ausgangsseite führt, eine andere Farbe bekommt, als die vorausgehende und die Zielseite. Letzter Typus kommt bei Flächen infrage, die eine ungerade Anzahl an Seiten haben.

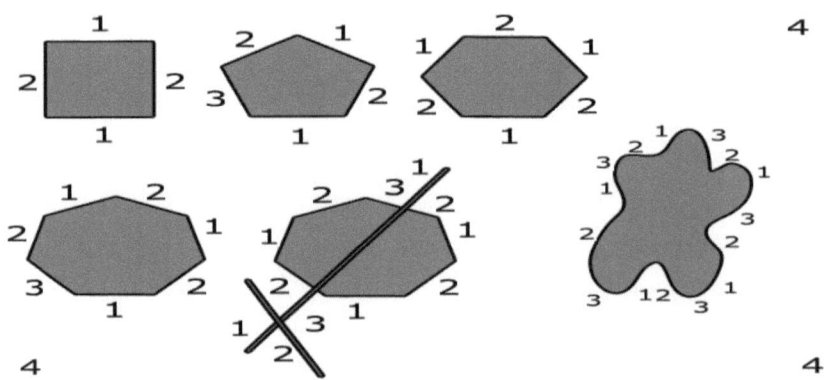

Im Prinzip lässt sich ein Polygon oder eine Fläche mit gerundeten Seiten, die in einer Hochauflösung eine ungerade Anzahl an Eckpunkten ergeben würde, auf die Form eines Dreiecks kürzen, wobei alle Flächen mit einer geraden Anzahl an Eckpunkten sich zu einem Rechteck kürzen lassen ließe. Dies heißt, dass an eine Fläche zwar beliebig viele Flächen angrenzen können, aber in der Kombination, dass Fläche 1 mit 2, 3 und 4, Fläche 2 mit 1, 3 und 4, Fläche 3 mit 1, 2 und 4 und Fläche 4 mit 1, 2 und 3 zugleich eine nachbarschaftliche Grenzlinie schaffen, ist das absolute Maximum. Es gibt zwar Flächenkombinationen, wo eine 5. Fläche direkt an eine 1., 2., 3. und 4. Fläche angrenzt, es in diesem Fall dennoch keiner fünften Farbe bedarf. Woran das liegt, zeigt die nachfolgende Grafik.

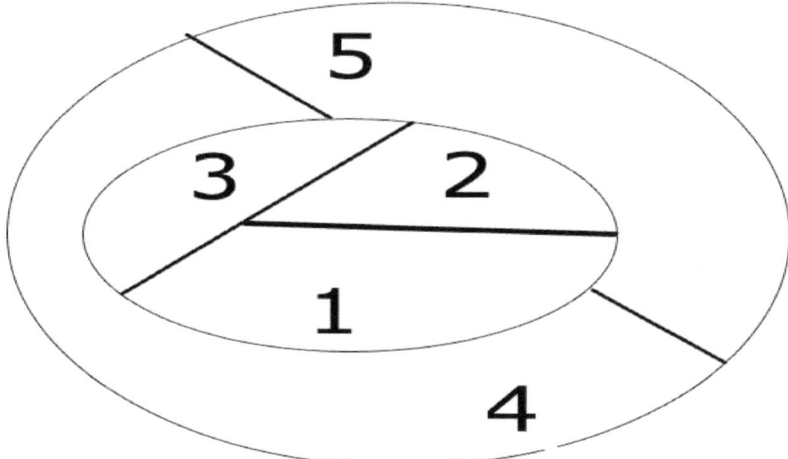

Fläche 5 grenzt in der oberen Grafik an 1, 2, 3 und 4. Auch Fläche 3 grenzt an 1, 2, 4 und 5. Ebenso grenzt Fläche 1 an 2, 3, 4 und 5. Aber Fläche 2 und 4 sind keine Nachbarflächen. Daher können die Flächen 2 und 4 mit dergleichen Farbe gefüllt werden. Dann grenzen zwar die Flächen 1, 3 und 5 jeweils an zwei Flächen mit dergleichen Farbe, da diese jedoch nicht im direkten Nebeneinander erscheinen, spielt es für die aus allen Einzelflächen bestehende Gesamtfläche keine Rolle. Diese kommt mit vier Farben aus.

Doch woran liegt es, dass man tatsächlich immer mit vier Farben auskommt. Ich hatte gesagt, dass man Flächen, was die Seitenanzahl angeht auf ein Dreieck oder Rechteck kürzen könnte. Und diese beiden Flächentypen haben unterschiedliche Charakteristika. Beim Rechteck gibt es immer eine Seite, die einer anderen gegenüberliegt, wobei die jeweiligen anderen beiden Seiten Nachbarseiten sind. Beim Dreieck verhält es sich anders. Hier ist jede Seite Nachbar der anderen Seite. Um jetzt die Seiten mit verschiedenen Farben einzufärben, benötigt man eine Farbe mehr, als beim Rechteck, denn beim Rechteck kann man für die sich gegenüberliegenden Seiten die gleiche Farbe benutzen.

Das Geheimnis liegt im gleichzeitigen Nebeneinander. In der Zweidimensionalität liegt das Maximum eines gleichzeitigen Nebeneinanders von Punkten, Linien oder Flächen bei vier. Es geht zwar auch, dass ein 5. Punkt, eine 5. Linie oder eine 5. Fläche mit jeweils vieren in gleichzeitigem Nebeneinander steht, doch in diesem Fall sind zwei andere Punkte, Linien oder Flächen automatisch voneinander so getrennt, dass sie sich nicht in direktem Nebeneinander befinden.

Ich möchte mir daher jetzt das Geheimnis des Nebeneinanders anschauen. Jede Zahl einer Grafik soll stellvertretend für einen Menschen sein.

In der oberen Grafik stehen sich zwei verschiedene Menschen gegenüber, ungeachtet, wohin ihre Blickrichtung geht, stehen sie zugleich nebeneinander.

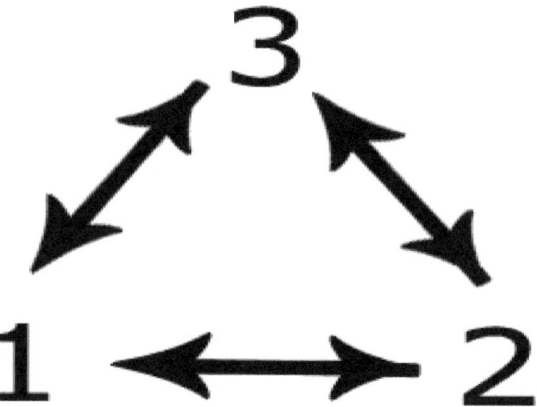

Sobald eine dritte Person hinzukommt, ändert sich nichts, jede der drei Personen, kann zugleich neben und gegenüber der jeweiligen anderen Person, stehen.

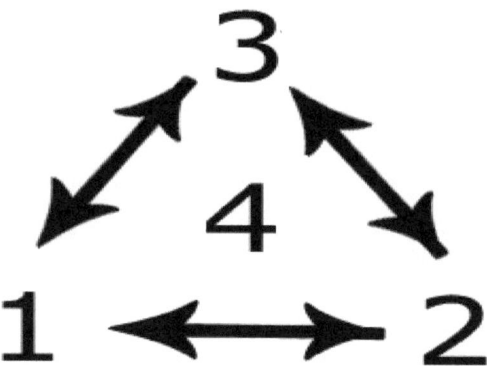

In der oberen Grafik kommt eine vierte Person hinzu. Damit diese das gleichzeitige Nebeneinander der drei Personen nicht durcheinander bringt, bleibt ihr noch die Möglichkeit, sich in den Innenbereich der drei zu platzieren. Sie entscheidet sich für die Mitte. Hier steht sie direkt neben 1, 2 und 3 in gleichem Abstand. Würde sie jetzt in die Höhe schweben und imaginäre Linien zu allen drei ziehen, wären alle vier in einer Tetraeder – Form miteinander verbunden.

Wenn 4 eine Fläche wäre, könnte sie anstatt das Innenfeld zwischen 1, 2 und 3 einzunehmen, auch das äußere Feld einnehmen und sie hätte dennoch alle drei als angrenzende Nachbarn, sofern sie alle umkreist.

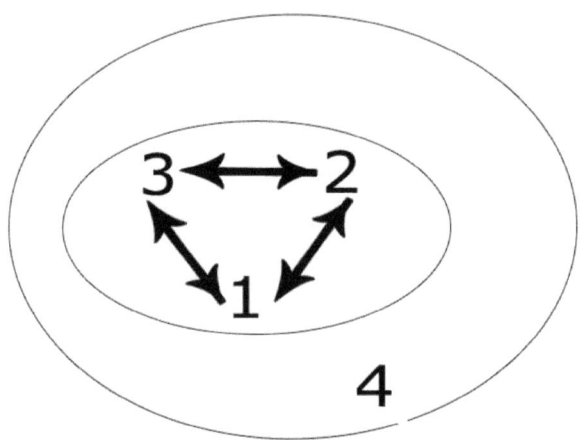

Wenn jetzt also alle Personen als Flächen gedacht würden, dann würde die 4. Fläche, entweder das Da drinnen, das Da draußen bzw. das Dahinter ausmachen. Oder in der dritten Dimension das Darüber oder das Darunter. Mit vier Flächen ist es also noch möglich, dass sich alle zueinander im Nebeneinander befinden. Jedoch nicht mehr, wenn eine fünfte Fläche hinzukommt. Dann lassen sich geometrisch keine Verbindungslinien so zeichnen, dass nicht irgendwo eine Fläche zu einer anderen aus dem Nebeneinander entfernt würde. Es wäre nur in einer Raumdimension denkbar und dann erkennbar, wenn die Flächen transparent wären, nicht aber auf einer zweidimensionalen Karte. Man könnte sich auch ein Tetraeder im Raum schwebend vorstellen. Alle vier Eckpunkte des Tetraeders sind miteinander verbunden und auch jede Fläche zueinander. Daher hat das

Tetraeder nach dem Vier-Farben- Satz auch für jede der vier Flächen eine andere Farbe. Der Raum, der das Tetraeder umgibt, müsste daher eine fünfte Farbe haben. Dann ist es möglich, dass alles aneinandergrenzende zueinander fünf unterschiedliche Farben hat. Nicht aber auf einer zweidimensionalen Karte, hier schafft die fünfte hinzukommende Fläche, Seite oder Punkt den Sachverhalt, dass nicht mehr alle fünf zugleich in einem direkt angrenzendem Verhältnis stehen, irgendwo auf der Fläche entsteht durch den Bruch der fünften eine Abgrenzung.

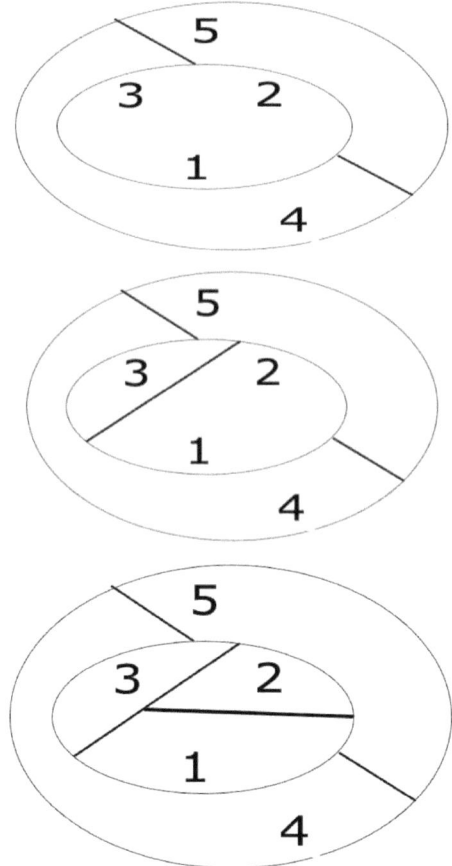

In diesem Sinne kommt jede Fläche, egal aus welchen und wieviel Einzelflächen sie besteht mit vier Farben aus, weil das maximal zugleiche Nebeneinander bei vier Flächen liegt. Gemeint mit gleichzeitigem Nebeneinander ist also:

1 mit 2, 3 und 4 und

2 mit 1, 3 und 4 und

3 mit 1, 2 und 4 und

4 mit 1, 2 und 3.

In der 2. Dimension gibt es kein Nebeneinander, das wie folgt aussehe:

1 mit 2, 3, 4 und 5 und

2 mit 1, 3, 4 und 5 und

3 mit 1, 2, 4 und 5 und

4 mit 1, 2, 3 und 5 und

5 mit 1, 2, 3 und 4.

Der Rahmen des gleichzeitigen Nebeneinanders liegt also bei vier. Daher kommt eine zweidimensionale Fläche beim Einfärben ihrer Einzelflächen mit vier Farben aus.

Fantastisch, scheint so, als hättest du das Problem des Vier – Farben – Satzes gelöst.

Danke, Silvio, ich hoffe, ich konnte es verständlich herüber bringen. Die Lösung des Rätsels ist also, dass sich nie mehr als vier Flächen so miteinander verbinden lassen, dass alle zugleich mit den jeweiligen anderen Grenzlinien besitzen. Sofern eine fünfte Fläche ins Spiel kommt, sind mindestens zwei der jetzigen fünf Flächen nicht mehr über eine gemeinsame Grenzlinie verbunden.

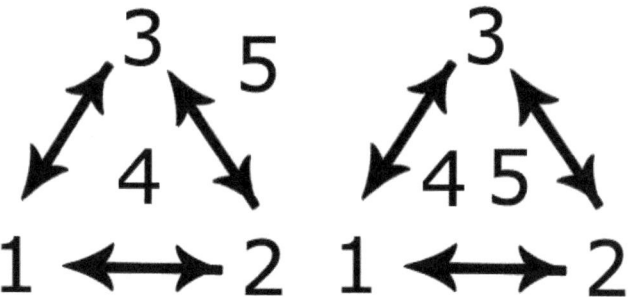

Wenn sich eine fünfte Fläche außerhalb, der vier anderen befindet, kann sie, wie auf der ersten Grafik nicht mit Fläche 4 eine Grenzlinie schaffen, sofern schon 2 und 3 zueinander eine Grenzlinie gebildet haben. Auch wenn 5 in den Innenbereich zu 4 eintritt, dann könnten 4 und 5 nicht zugleich Grenzlinien zu 1, 2 und 3 schaffen. Es ist dann wohl möglich, dass entweder 4 oder 5 zu 1, 2 und 3 eine Grenzlinie haben, aber nicht zugleich. Wenn 4 mit 1, 2 und 3 Grenzlinien schafft, dann kann 5 maximal nur noch zu zwei der drei Flächen eine Grenzlinie schaffen, zu der jeweiligen dritten schafft sie keine Verbindung, weil der Umfangsanteil von 4 an der Innenfläche größer ist. Es kann sogar sein, dass der Flächenanteil von 5 größer ist, als der von 4.

Fläche 4 hätte in diesem Fall eine sehr schmale aber sehr lange Fläche. Entscheidend ist die Länge des Umfangs. Wenn beide Flächen 4 und 5 gleich groß sind, dann streift wiederum jede nur jeweils zwei der Flächen 1, 2 und 3.

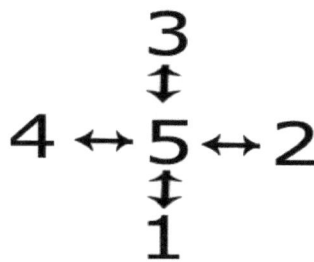

Auch in der Kreuzformation, funktioniert es nicht. 5 könnte zwar an alle vier Flächen angrenzen, die jeweiligen anderen jedoch nicht an die gegenüberliegenden, die durch 5 verdeckt werden.

Warum ein Beweis so schwer erkennbar war, liegt daran, weil es durchaus Flächen gibt, die Grenzlinien zu vielen Flächen besitzen, aber man muss sich dann die jeweiligen Nachbarflächen anschauen, die ebenso Grenzlinien besitzen. Hier wird es welche geben, die eben nicht an mehr als drei Flächen angrenzen. Der Beweis ist also: Wenn es keine Karte geben kann, auf der fünf Einzelflächen alle zugleich zueinander sich im direkten Nebeneinander befinden, dann braucht man sich auch keine Gedanken darüber zu machen, ob eine fünfte Farbe notwendig wäre, weil man nämlich dann immer mit vier Farben auskommt.

Ich habe noch das Anagramm zu „Vier Farben Geheimnis" mitgebracht.

VIER FARBEN GEHEIMNIS

BEIM VERFAHREN IN SIEG

FRAGE BEI MINI SEHNERV

FRAGE IHM BEI INVERSEM → INVERS (umgekehrt → 2 zu 1 zu 1 zu 2)

RAHME IS NEBEN VIER FIG → RAHME (Rahmen), IS (ist), FIG (Figuren → Punkte, Seiten, Flächen)

Interessant, dass im Anagramm die Botschaft RAHME IS NEBEN VIER FIG herauskommt, was ich eben so deute, dass der Rahmen des gleichzeitigen Nebeneinanders bei vier Figuren im 2 Dimensionalen liegt.

Wie ich schon sagte, im dreidimensionalen Raum kann es die Fälle geben, wobei man nicht mehr mit vier Farben auskommt. Das wäre der Fall, wenn ein Tetraeder im Raum schwebt.

Vor Jahren habe ich mal ein kurviges Koordinatensystem entwickelt. Dabei sind die Achsen gekrümmt und rotieren im Raum. Den Koordinaten entsprechend, sind die Eckpunkte eines Körpers mit den Achsen verbunden. Durch die Rotationen transformiert sich der Körper. Auf die Idee kam ich, nachdem ich bei meiner außersinnlichen Erfahrung im Jahr 2000 ja sehr kuriose Formgebilde gesehen habe. Ich hatte ein Jahr später auch einen Traum, wo mir eine Stimme ein Rätsel verraten hat, das mit der 5. Dimension zu tun habe. Ich habe den Traum dann aufgeschrieben und ihn als Geschichte in mein Buch „Ellesab" eingebracht. Hier ein Ausschnitt:

„ELLESAB machte einen Sprung und schwebte in einer unbekannten Raumdimension, die eine Lehrwerkstatt der fünften Dimension war. Hier bekam ELLESAB mitgeteilt, dass der Verschiebung eines Körpers in dem kurvigen Koordinatensystem eine wichtige Bedeutung zukomme. Die Krümmung des Raumes erkenne man, wenn man den Körper durchsichtig mache und ihn im kurvigen Koordinatensystem hin und her bewege. Auf Papier funktioniere es in der Veranschaulichung auch, wenn man den weißen Bereich zwischen den Linien ausschneide und die Optik des Menschen täusche."

Kurios, und wer weiß, welche Wahrheit hinter dem Traum steckt. Doch komme ich noch einmal zu den Primzahlen, dass ich mithilfe der 2 zu 1 – Relation einen Algorithmus bei der Entstehung der Primzahlen im sogenannten Primzahlautomaten entdeckt habe, hatte ich schon in Interview 2 erzählt. Ich möchte hier nochmal kurz meine Idee skizzieren, wie sich erkennen lässt, dass es in der Logik unendlich viele Primzahlzwillinge gibt.

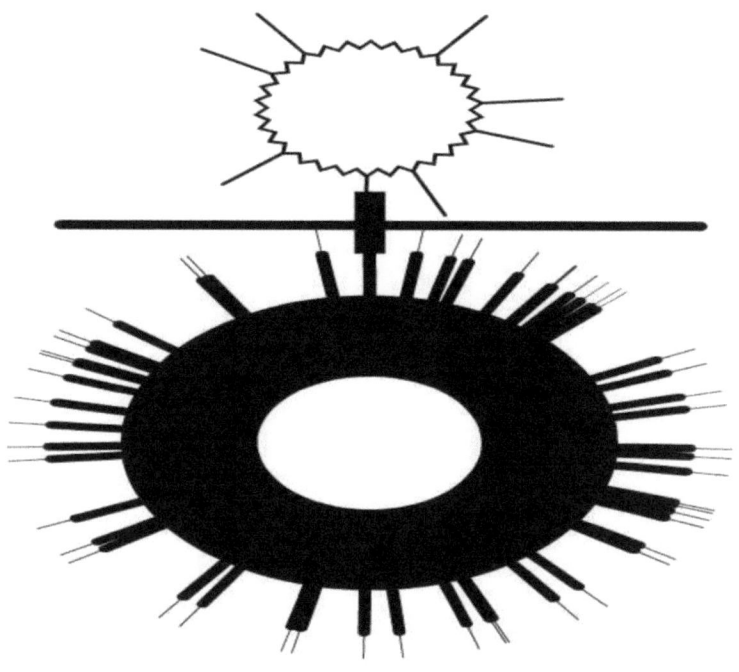

Die obere Grafik soll einen Anhaltspunkt schaffen, wer tiefer in die Materie einsteigen möchte, dem möchte ich mein Buch „Primzahlzwillinge – Die Unendlichkeit, ein Algorithmus und ein Beweis" empfehlen. Und zwar geht es um folgendes. In meiner Primzahlenforschung habe ich die Primzahlen in Relation zur Zeit gesetzt. Das war erforderlich, weil die Systeme Multiplikation und das Raufzählen, also das Entstehen von Zahlen nicht kompatibel waren. Ich habe dann einen Algorithmus entdeckt, der zeigt, wie Primzahlen im Zahlenteppich zum Vorschein kommen. Es ist nämlich so, dass durch Multiplikationen von Primzahlen zueinander, andere Primzahlen im Zahlenteppich nicht erscheinen können, eben weil sie durch die Multiplikationen mit Produkten gefüllt werden (diese Zahlen, die solche Produkte durch Primzahl-

Multiplikatoren und Multiplikanden waren, die größer / gleich 7 waren, nannte ich übrigens Verszahlen). Wenn man also einen Zahlenteppich hat, ohne vorher zu wissen, welche Primzahlen sind, dann könnte man einen Primzahlautomaten anschließen, der dann genau überprüft, welche Zahlen Primzahlen sind und welche nicht. Der Primzahlautomat müsste zwar noch entwickelt werden, als mechanisches Gebilde oder Computerprogramm, aber nach welchen Prinzipien er funktionieren müsste, hatte ich im Buch visuell erklärt. Seine Bedingung ist, dass er mit der Überprüfung bei der Zahl Null beginnt, man ihn also nicht bei 1000 starten kann. Ich hatte verschiedene Typen von Primzahl – Automaten visuell gestaltet und zwar gab es immer drei Komponenten. Eine als Zähler, der die Zeit anzeigt und zugleich die Zahl im Zahlenteppich ermittelt. Bei einem Sekundenzähler, wäre so die 49. Sekunde also auch die 49. Zahl. Die zweite Komponente war der 30 zackige Stern. In diesem steckt ein Multiplikations – Algorithmus, der zwei Dinge impliziert, zum einen erkennt er, wann Zahlen mit den Primzahlen 2, 3 und 5 und all ihren Vielfachen Produkte bilden, und zum anderen erkennt er, wann Primzahlen größer / gleich 7 Produkte erzeugen. Der Stern ist das obere System auf der Grafik. Er rotiert in 30 Sekunden einmal um sich selbst. In diesen 30 bzw. in der jeweilig 31., 61, 91. Sekunde und so fort, berühren immer acht Strahlen, die sich unter ihm befindende Linie. Diese jeweiligen Momente bedeuten, dass entweder Produkte im Zahlenteppich erscheinen, dessen Multiplikatoren und Multiplikanden Primzahlen größer / gleich 7 sind oder es erscheinen zu diesen Momenten neue Primzahlen. Entscheidet ist, ob ein Strahl aus dem unteren System zeitgleich mit einem des oberen sich auf der Linie trifft. Das untere System bildet die dritte Komponente. Dieses steht für die Multiplikationsfreudigkeit aller Primzahlen ab 7. Man muss es sich so vorstellen. Das obere System identifiziert ja, ob es sich in einem Zeitmoment, um eine neue Primzahl oder um ein Produkt handelt. Wenn es diesen Zeitmoment, stehend für die Zahl im Zähler, als produktlos identifiziert, erschafft es einen Strahl auf dem unteren

System, der dann für die neue Primzahl steht. Dieser Strahl rotiert in der Zeitgeschwindigkeit, wie die Größe seiner Zahl groß ist, um den Ring. Das heißt also die 7 benötigt 7 Sekunden für eine Rotation, die 41 benötigt schon 41 Sekunden usf. Doch selbst wenn eine Primzahl eine Rotation abgeschlossen hat, heißt das noch nicht, dass sie an dieser Stelle sich mit einem Strahl aus dem oberen System trifft. Pro 30 Umdrehungen auf dem Ring trifft sie nur 8 mal auf einen Strahl des oberen Systems. Dadurch kommt es vor, dass sich nicht beide 2 zu 1 exakt an einer Linie des Balkens treffen, so dass dadurch neue Primzahlen erscheinen können. Dadurch füllt sich der untere Ring mit immer mehr Primzahlenstrahlen, die ja jetzt durch ihre Produktbildung immer mehr Primzahlen verhindern könnten. Der Knackpunkt, dass es ihnen nicht immer gelingt, liegt aber daran, weil ihre Rotationsgeschwindigkeit, je größer die Primzahlen werden, träger wird, sie innerhalb eines Zeitintervalls weniger multiplikationsfreudig sind, als kleinere Primzahlen. Auch wenn dieser Ring mit zunehmend mehr Primzahlen bestückt wird, es auf diesem Rad zunehmend voller wird, so kann dennoch nie eine komplette dauerhafte Verdichtung erreicht werden. Denn alle haben unterschiedliche Rotationsgeschwindigkeiten, wodurch es immer mal wieder an bestimmten Stellen des Rings zu Verdichtungen kommt, wohingegen andere Bereiche lückenhafter werden. Dies ist auch der Grund warum es unendlich viele Primzahlen gibt. Schwieriger wird der Beweis für die Unendlichkeit von Primzahlzwillingen Das sind alle Primzahlen, die nur einen Abstand von 2 zueinander haben, wie 11 mit 13 oder 17 mit 19. Bisher ist noch niemandem ein Formelbeweis gelungen, ob es auch von den Primzahlzwillingen unendlich viele gibt. Meines Erachtens gibt es sie und im Buch hatte ich zahlreiche Beispiele und Bedingungen gezeigt, warum es logisch betrachtet unendlich viele Primzahlzwillinge gibt. Der Beweis liegt in dem Widerspruch, wenn man behaupten würde, es gäbe einen letzten Primzahlzwilling. Eine solche Annahme und so habe ich es im Buch von verschiedenen Seiten gezeigt, würde von allen verbleibenden Zahlen eine neue geregelte Abfolge in der Produktbildung erfordern, was aber aus dem Grund nicht passieren kann, weil das Erscheinen von Primzahlen eine Bedingung schafft, die ein Gemisch aus Chaos und Ordnung bestimmter Zahlenmultiplikatoren und Multiplikanden zueinander ausmacht. Das untere System auf der Grafik müsste man sich übrigens als ein sehr großes Ringsystem vorstellen, auf dem die Strahlen extrem dünn sind. Je größer der Bereich ist, umso dünner müsste man sich die Strahlen vorstellen, denn es ist ja so, dass Primzahlen Abstände zueinander haben. Je mehr Primzahlen sich auf dem Ringsystem befinden, umso feiner müssen dann ihre Strahlen sein, damit erkennbar wird, dass es nie zu einer kompletten Verdichtung oder Befüllung des Rings kommt.

Der Grund, warum ich einen sehr kleinen Teil meiner Primzahlforschung bespreche, liegt daran, weil der Ausgangpunkt meiner Forschung mit einer Erkenntnis aus der 2 zu 1 – Relation zu tun hat. Und zwar in der Erkenntnis, dass ich zwei Mathematiksysteme durch deren Nicht-Kompatibilität dennoch zu einem System führen musste.

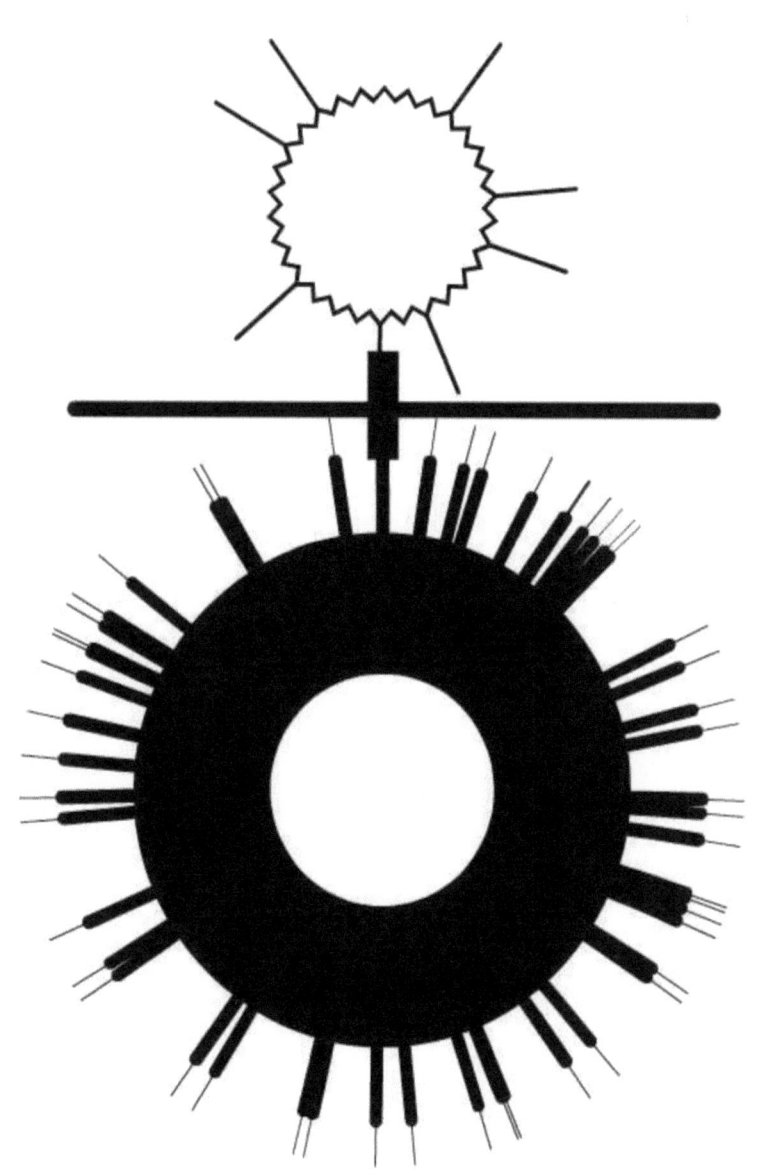

BEWEIS PRIMZAHLZWILLINGE

M ZWI ZWI SPIRAL BEHELLIGEN → ZWI ZWI (zwei zwei), SPIRAL (Doppelhelix?)

L ZWI ZWI PRISMA BEHELLIGEN → PRISMA (Seiten parallel und gleichlang)

BAHNWEG PRIME SIZE WILL ZIL → PRIME SIZE (prime Größe)

BAHNWEG WIR SIMPEL ZEIL ZIL → SIMPEL (einfach), ZIL (Ziel)

BAHNWEG SPEZIELL IM WIR ZIL

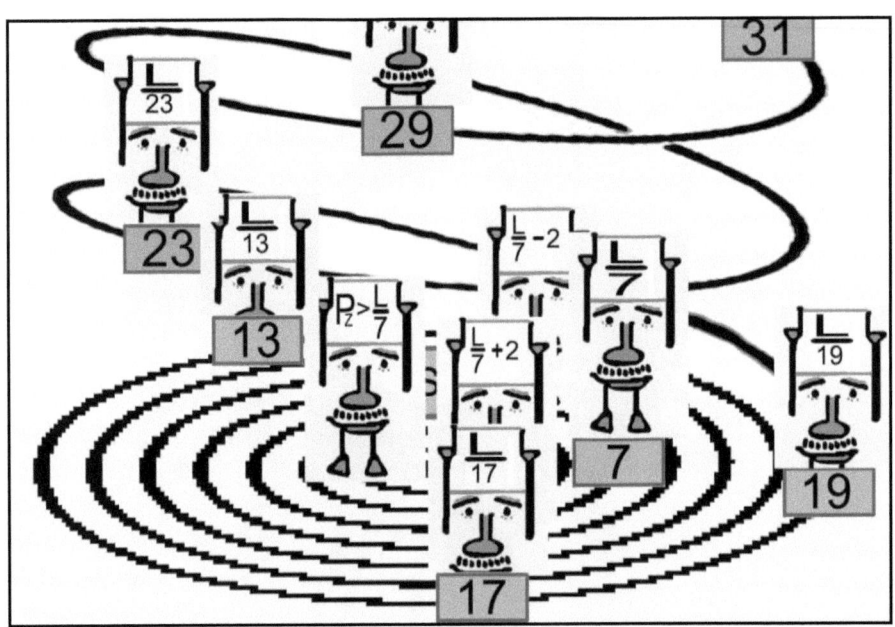

Ich hatte mich noch kurz mit einem anderen Rätsel um die Primzahlen befasst. Und zwar mit der Goldbachschen Vermutung.

Diese besagt, dass sich jede gerade Zahl als Summe aus zwei Primzahlen bilden lässt. Bisher wurde diese Vermutung genauso wenig bewiesen. Man weiß daher nicht, ob es nicht doch irgendwo im Zahlenteppich eine gerade Zahl gibt, die sich nicht als Summe zweier Primzahlen bilden lässt. Meine Idee war, mich bei der Untersuchung an meinem Algorithmus zu orientieren, den ich beim Primzahlautomaten auch als 30zackigen Stern bezeichnet habe.

Diesen habe ich nach Teilbarkeitstypen unterschieden und zwar nach jenen Zahlen, die durch 2, 3 und 5 teilbar wären und der Rest, der die Zahlen ausmacht, die entweder Primzahlen oder Produkte aus Primzahlen größer / gleich 7 sind. Letztere Zahlentypen sind genau acht auf dreißig Zahlen (MP – Zahlen).

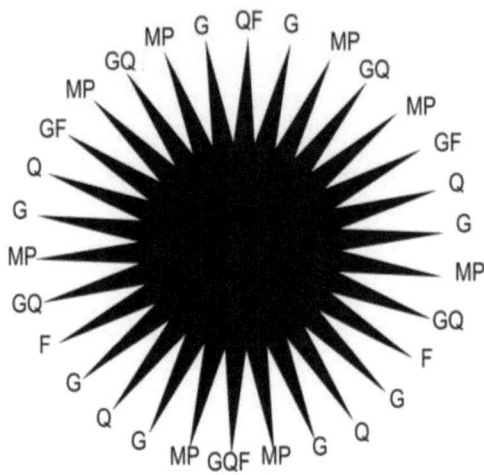

Dann haben wir 15 Zahlen, die auf 30 Zahlen gerade sind und 7 Zahlen, die entweder/und durch 3 und 5 teilbar sind. Interessant wären nur alle ungeraden Zahlen, da es ja um ungerade Primzahlen geht, die als Summand die gerade Zahl bilden sollen. Jede ungerade Zahl kann natürlich mit einer anderen eine Summe bilden und dass wir dadurch zu jeder geraden Zahl kommen, ist klar. Interessant ist auch, dass je größer die gerade Zahl ist, umso mehr Möglichkeiten an Additionen gibt es, um sie zu bilden. Bereits die Zahl 100 lässt sich in 50 verschiedenen Varianten als Summe aus zwei Zahlen bilden und in 25 Varianten aus ungeraden Zahlen. Entsprechend hoch sind die Möglichkeiten bei einer sehr langstelligen Zahl. Eine gerade Zahl hat also so viele Möglichkeit aus ungeraden Zahlen gebildet zu werden, wie ein Viertel ihrer Größe. Doch treffen innerhalb dieses Viertels auch tatsächlich zwei Primzahlen aufeinander, die die Summe der Zahl bilden?

Eine Primzahl als Summand hat verschiedene Möglichkeiten, welchem Summand-Pendant, sie für die Bildung einer geraden Zahl gegenübertritt. Es kann eine durch 3 oder 5 teilbare Zahl sein, eine die das Produkt aus Primzahlen ist und eine, die eben selbst eine Primzahl ist. Eine gerade Zahl, geteilt durch 2 schafft ja genau die Hälfte, bzw. es sind ja zwei Hälften. In der unteren

Hälfte muss sich eine Primzahl befinden, die in der oberen Hälfte ihr Summanden Pendant sucht. Es ist also wieder ein 2 zu 1 Verhältnis. Zwei Summanden, die eine gerade Summe bilden möchten. Ob hier zugleich die Lösung zu entdecken wäre? Ich selbst hatte bisher keine Zeit und auch nicht so die Lust mich mit diesem Rätsel auseinander zu setzen, aber ich hatte ein paar Ideen, die möglicherweise helfen könnten, das Rätsel eines Tages zu entschlüsseln. Und zwar sprach ich ja von dem 30er Algorithmus. Dieser Algorithmus funktioniert auch bei der Addition, allerdings nicht in Rotation zu denken, sondern, als zwei Algorithmen-Pfeile, die beide in die entgegengesetzte Richtung laufen und auf die Zahlen ihres Strahls treffen, die sich daraufhin addieren. Vielleicht ließe sich dadurch ja etwas erkennen, dass eine Regelmäßigkeit offenbart. Vielleicht dadurch, dass die durch 3 und 5 teilbaren ungeraden Zahlen weniger sind, als diejenigen, die Primzahlen oder Produkte aus Primzahlen größer / gleich 7 sind. Die beiden Strahlen sehen in etwas so aus:

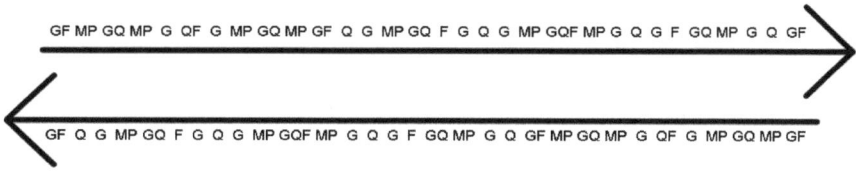

Und eine Bewegungsfolge mit eingetragen Primzahlen sehe in etwa so aus.

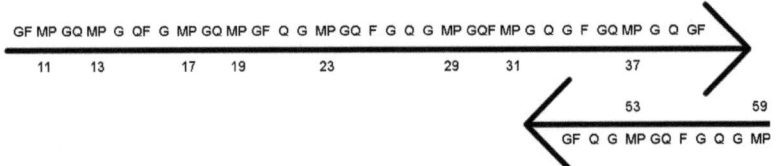

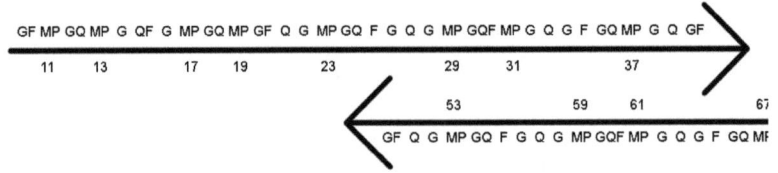

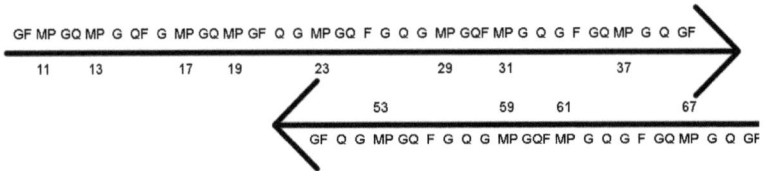

```
          GF MP GQ MP G QF G MP GQ MP GF Q G MP GQ F G Q G MP GQF MP G Q G F GQ MP G Q GF
            11      13        17    19      23            29      31            37
         53            59    61            67          71   73          x     79
      GF Q G MP GQ F G Q G MP GQF MP G Q G F GQ MP G Q GF MP GQ MP G QF G MP GQ MP GF
```

Es lässt sich sehr schön erkennen, wie viele Möglichkeiten MP-Zahlen haben, gerade Zahlen als Summe zu bilden. Vielleicht lässt sich die Lösung ja über ein Ausschlussverfahren finden, indem genau geschaut wird, welcher Zahlentypus mit wem usw. Vielleicht bleiben dann als verbleibender Rest nur noch Primzahlen, die automatisch ihr jeweiliges Pendant finden.

Es lässt sich recht leicht zeigen, wie viele Additionsmöglichkeiten es für jede Zahl oder einen Bereich von Zahlen durch die Summe zweier ungerader Zahlen oder durch die Summe zweier MP-Zahlen gibt. Das liegt daran, weil der 30zackige Stern eine sich immer wiederholende Regelmäßigkeit hat.

Bis zur Zahl 1000 gibt es 500 gerade Zahlen und 500 ungerade Zahlen. Die 500 geraden Zahlen also 2, 4, 6…998, 1000 werden in der Addition auch durch diese 500 ungeraden Zahlen gebildet. Es gibt 250 ungerade Zahlen im unteren Bereich bis 500, und 250 ungerade im oberen Bereich zwischen 500 und 1000. Um jetzt also alle Additionsmöglichkeiten zu ermitteln, die durch ungerade Summanden als Summe alle geraden Zahlen bis 1000 ausmachen, braucht man nur 250 mit 250 zu multiplizieren und das wären 62.500 Additionsmöglichkeiten. Die Zahl 1000 lässt sich in 250 verschiedenen Varianten durch zwei ungerade Summanden bilden, die Zahl 100 hingegen durch 25 verschiedene Varianten. Es lässt sich auch der Mittelwert für Varianten ausrechnen. Für alle 500 geraden Zahlen liegt der Mittelwert bei 125. Auf diese Zahl kommt man, wenn man die 62.500 Additionsmöglichkeiten durch die 500 geraden Zahlen teilt. Aufgrund der Regelmäßigkeit des 30ig zackigen Sterns lassen sich auch für die Additionsmöglichkeiten der MP – Zahlen Voraussagen treffen. Bis 100 gibt es 22 Primzahlen, die größer/gleich 7 sind und 3 Verszahlen, die Produkte aus Primzahlen größer/gleich 7 sind, woraus sich eine Gesamtsumme von 25 MP-Zahlen ergibt. Von 101 bis 1000 kommen 240 neue MP-Zahlen hinzu, von 1001 bis 10000 sind es 2400, diese Regelmäßigkeit bleibt bestehen. Wir können auch die Anzahl bis 500 ausmachen, hier erscheinen bis 500 insgesamt 133

MP-Zahlen, zwischen 501 und 1000 kommen 132 neue hinzu. Um jetzt die Additionsmöglichkeiten der MP-Zahlen für alle 500 geraden Zahlen bis 1000 zu ermitteln, müssten wir jetzt also 133 mit 132 multiplizieren. Da 3 und 5 aber auch ungerade Primzahlen sind, zähle ich diese zu den 133 MP – Zahlen des unteren Bereichs hinzu. Dementsprechend gäbe es 135 x 132 Additionsmöglichkeiten und das sind 17.820. Die 500 geraden Zahlen bis 1000 lassen sich somit in 17820 Varianten durch die MP-Zahlen bis 1000 bilden. Diese Anzahl der Varianten geteilt durch 500 ergibt einen Mittelwert von 35,64. Interessant ist das sich das Verhältnis dieses Mittelwerts zum Mittelwert der ungeraden Zahlen leicht gerundet nie ändert, egal ob man die Möglichkeiten bis 10.000 oder einer Million ermitteln möchte. Dennoch ergibt sich ein Vorteil, denn beide Mittelwerte steigen proportional an.

Da auf die 62.500 Additionsmöglichkeiten etwas mehr als ein Viertel durch MP – Zahlen zueinander entfallen, möchte ich noch die verbleibenden Möglichkeiten aufzeigen. Die Anzahl der verbleibenden ungeraden Zahlen, die keine MP-Zahlen oder 3 und 5 sind beträgt 115 (250-135) im unteren Bereich. Und das sind alle ungeraden Zahlen, die durch 3 und /oder 5 teilbar sind und größer als 5 sind, sowie die Zahl 1. Im oberen Bereich erscheinen die 118 restlichen ungeraden Zahlen. Diese 115 ungeraden Zahlen des unteren Bereichs multipliziert mit den 118 ungeraden des oberen Bereichs schaffen 13.570 Additionsmöglichkeiten. Jetzt gibt es aber noch die Kombinationen aus MP-Zahlen und den Nicht-MP-Zahlen. Die 135 MP – Zahlen des unteren Bereichs multipliziert mit den 118 Restzahlen des oberen Bereichs, ergeben 15.930 Additionsmöglichkeiten und die 115 Restzahlen des unteren Bereichs addiert mit den 132 MP-Zahlen des oberen Bereichs ergeben 15.180 Additionsmöglichkeiten. Alle vier Kombinationsmöglichkeiten (also 17.820 + 13.570 + 15930 + 15180) zusammen ergeben somit die 62.500 gesamten Additionsmöglichkeiten. Etwas weniger als ¾ davon lassen sich von vornherein also immer ausschließen, aber immerhin verbleibt etwas mehr als ¼ auf die Kombinationen der MP-Zahlen. Leider wissen wir für hohe Bereiche nicht, wo die Primzahlen und wo die Verszahlen liegen, aber die Zahlen werden immer größer und dies heißt, dass ein Viertel aller Additionsmöglichkeiten schon eine Menge ausmacht. Bei allen geraden Zahlen bis einer Million liegen die Additionsmöglichkeiten schon bei 62,5 Milliarden. Der Mittelwert steigt hier proportional bereits auf 125.000, wovon der Mittelwert für die MP-Kombinationen auch noch bei rund 35.640 liegt. Dies heißt also, dass jede einzelne der 500.000 geraden Zahlen sich im Mittelwert durch diese 35.640 MP-Kombinationen ergibt. Eine Riesenchance für die Primzahlen, denn unter den 35.640 muss nur eine Kombination dabei sein, die sich aus zwei Primzahlen ergibt. Von MP – Kombinationen gibt es drei Typen. Der erste wäre eine Summe aus zwei Primzahlen, der zweite wäre eine Summe aus zwei Verszahlen und der dritte eine Summe aus einer Primzahl und einer Verszahl.

Bis 10^{22} gibt es 201.467.286.689.315.906.289 ungerade Primzahlen und 2.465.199.379.977.350.760.378 Verszahlen. Zwar ist die Anzahl der Verszahlen bis zu diesem Bereich mehr als zehnmal so groß, entsprechend groß ist auch ihre Anzahl an Kombinationsmöglichkeiten. Dennoch ist die Anzahl an Kombinationsmöglichkeiten durch Primzahlen eine ebenso gewaltige Zahl. Selbst wenn wir nicht wissen, wie viele Primzahlen davon sich im oberen Bereich von 10^{22} und wie viele sich im unteren Bereich befinden, liegt der Mittelwert für MP-Zahlenkombinationen, die bis 10^{22} jede gerade Zahl bilden immerhin schon bei rund 35×10^{20}. Von den rund 2×10^{20} Primzahlen müssen also nur zwei dabei sein, die eine von diesen 35×10^{20} Kombinationen schaffen. Eine Riesen-Riesen Chance, denn der Mittelwert gilt ja für eine einzige gerade Zahl. Es heißt also es muss nur eine Kombination von den 35×10^{20} Möglichkeiten jeder geraden Zahl dabei sein, die keine Kombination zweier Verszahlen untereinander oder keine

Kombination einer Primzahl mit einer Verszahl ist. Auch wenn die Verszahlen das mehr als zehnfache der Primzahlen in diesem Bereich ausmachen, so ist die Möglichkeit an Kombinationen für Primzahlen, die nur eine Kombination treffen, höchstwahrscheinlich sehr hoch. Jetzt könnte man sagen, dass wir ja nicht wissen, wie viele Primzahlen sich in der unteren Hälfte von 10^{22} befinden und wie viele in der oberen. Nun vielleicht nicht für $10^{22}/2$, aber für 10^{21} und da waren es 21.127.269.486018.731.925, also etwas weniger als ein Zehntel der Primzahlen, die im Bereich zwischen 10^{21} und 10^{22} neu dazugekommen sind. Die Relationen zwischen neu erscheinenden Verszahlen und neu erscheinenden Primzahlen verändert sich nicht wesentlich, wenn man es von der Seite aus betrachtet, dass selbst das 10fache an neu hinzukommenden Primzahlen einen gewaltigen Anteil bei sehr hohen Zahlenbereichen ausmacht. Entsprechend hoch ist auch ihre Kombinationsmöglichkeit zueinander. Und es erscheint so, als seien auch die Proportion zwischen jenen Primzahlen in der unteren und jenen der oberen Hälfte recht ausgewogen. Selbst wenn es Milliardenhohe Unterschiede in den Anzahlen gibt, bleibt das Potential an Kombinationsmöglichkeiten gewaltig und steigt mit der Zunahme höherer Bereiche. Wer sich für Kombinationsmöglichkeiten der Primzahlen, Verszahlen und MP-Zahlen interessiert, in meinen Primzahlzwillingsbüchern habe ich diesem Thema ein Kapitel gewidmet. Es erscheint auch in Hinsicht auf die Goldbachsche Vermutung Erkenntnis bringend.

GOLDBACHSCHE VERMUTUNG

BUCH MELDET SUCHVORGANG

LOES BUCH C GRUNDTHEMA GV　　　→ GV (Goldbachsche Vermutung)

GV SCHULBUCH MOT GERADEN　　　→ MOT (franz. Wort)

Doch an dieser Stelle genug mit Primzahlen. Mehr davon in meinem Buch. Ich habe noch zwei Anagramme aus der Mathematik, die ich recht interessant fand, das eine bezieht sich auf den griechischen Gelehrten Eratosthenes, der u.a. viel zur Mathematik beigetragen hat, und ein anderes, was die absurde Mathematik betrifft.

ERATOSTHENES

SO RATE THESEN

DU HEIM AM ABSTRAKTE → ABSTRAKT (beziehungslos, unkonkret, ideell)

ABSURDE MATHEMATIK

Interessant fände ich eine Untersuchung die sich mit einer Vertauschung der Regel „Punkt vor Strich – Rechnung" befasst, nämlich der „Strich vor Punkt – Rechnung". Vielleicht würde eine solche ja zu spannenden Ergebnissen führen, wenn man die Ergebnisse beider Regeln in Bezug setzt.

Eine weitere interessante Frage ist noch die Suche nach einer vierten Symmetrieoperation. Es lassen sich ja geometrische Gebilde verschieben, drehen und spiegeln. Doch ob es noch eine weitere Symmetrieoperation gibt, weiß man nicht. Ich hatte dies betreffend immer die Idee des Umkrempelns als vierte Symmetrieoperation. Das kurvige Koordinatensystem zieht ja geometrische Körper auseinander und fügt sie wieder zusammen, wenn die Rotation beendet ist. Umkrempeln macht auch etwas Kurioses mit einem Körper und zwar wird das innere nach außen geholt. Dadurch vertauschen sich die Seitenverhältnisse. Ich habe als Beispiel eine Grafik angefertigt, die dies veranschaulichen möchte.

Die Grafik zeigt ein Schlafzimmer. Vorne im Raum befindet sich eine Stuhlreihe, die jedoch nicht auf dem ersten Bild erkennbar ist.

Wenn man sich jetzt vorstellt, man könne am Bett ziehen und zugleich den ganzen Raum umkrempeln, dann würden sich die Orte der jeweiligen Gegenstände kurios verändern. Der Schrank wäre nach dem Umkrempeln auf der Rückseite. Die Lampe befände sich auf dem Dach und die Stuhlreihe wäre jetzt sichtbar auf der vorderen Seite des Raumes. Interessant daran ist aber auch die umgekehrte Vorstellung, denn alles was sich ursprünglich im unmittelbaren Außenbereich befunden hat, befindet sich jetzt gepresst und komprimiert im neuen Inneren.

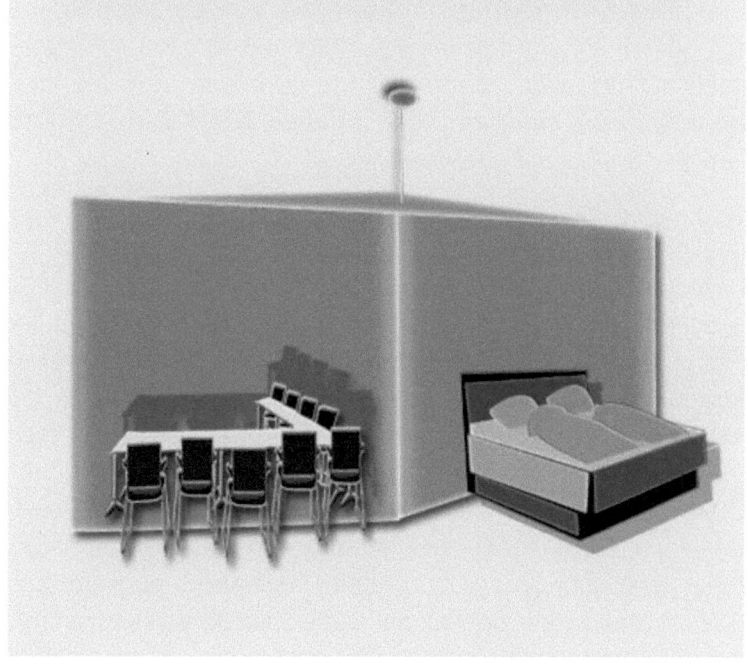

VIERTE SYMMETRIEOPERATION

MANIE – EI VOM TYPE ROTIERTES → MANIE (Wahnsinn)

YA EI EI VIP E.T. STERN MOTOREM → YA (Ja), E.T. (extra terrestrial)

Naja, das Anagramm von vierter Symmetrieoperation deutet dann doch eher auf etwas Rotierendes, vielleicht ist der Zusammenhang dann eher in deinem kurvigen Koordinatensystem zu entdecken und nicht im Umkrempeln. Trotzdem eine schöne Idee. Das Innere nach außen umkrempeln, ist eine interessante Vorstellung, die nicht nur im mathematischen eine Bedeutung hat.

Ja, lieber Silvio, durch das Umkrempeln, indem man das Innere nach außen bringt, werden die Räumlichkeiten größer, einiges wird aber auch auf den Kopf gestellt, anderes wiederum, das im Außen so groß erschien, bekommt im Inneren nach dem Umkrempeln eine weniger wichtige Bedeutung.

Womit wir bei der Psychologie wären, oder?

Ja, es steckt schon eine psychologische Weisheit dahinter, sofern du das schöne, was in dir steckt nach außen einbringst. Allerdings denke ich, dass was die Psychologie angeht, ein anderer Ansatz erforderlich wird, als das Umkrempeln. Ich möchte Psychologie und Psychiatrie verschmelzend besprechen. Im Prinzip steckt im Wort Psychologie ein Widerspruch. Es geht um die Psyche eines Menschen, der sich mit Verstandesinstrumentarien versucht wird, anzunähern. Meines Erachtens ist dies ein falscher Zugang, denn die Seele lässt sich nicht durch den Verstand begreifen, sie ist meines Erachtens nur durch die Seele selbst zu begreifen. Auch Medikamente können meines Erachtens keine dauerhafte Hilfe für ein psychisches Problem sein. Ich nenne es Problem, weil es meiner Meinung nach keine psychische Störung oder Krankheit ist, sondern, dass es etwas ist, das im Nicht Erkennen der Seele wurzelt. Die Seele ist in ihrem ursprünglichen Zustand rein, frei von Ängsten, Sorgen, Trauer und Wut, sie ist durchflutet von Liebe, Freude und göttlicher Liebe. In den Anagrammen kam schon öfter zum Vorschein, dass wir für alles die Ursache finden möchten, um ein Problem zu lösen oder eine Antwort zu bekommen. Die Ursachen von Ängsten, Wut und Trauer liegen meines Erachtens jedoch nicht in der Seele, sondern sie wurzeln im Geist eines Menschen, wobei sich die Wirkung dieser Emotionen auf die Seele überträgt. Es geht also um die Heilung der Ursachen im Geist, neurologische Verursacher möchte ich allerdings dabei ausschließen, weil diese meines Erachtens im medizinischen Sinne besprochen werden müsste. All das, was zunächst als Ursache im Geist passiert, überträgt sich auf die Seele. Im Idealfall sind nach der 2 zu 1 Relationstheorie Geist und Seele, dann gesund, wenn der Geist frei von dunklen Bedeutungskonstitutionen ist und die Seele rein von belastenden Emotionen. Das Idealziel, sehe daher in einer Gleichung wie folgt aus: Freier Geist + reine Seele: Gesund

Es gibt schon gute Ansätze in der Psychologie und Psychiatrie, Zuhören ist sehr wichtig, doch meines Erachtens ist es auch sehr wichtig, dem Patienten Glauben zu schenken, dass seine Wahrheit wahr ist. Und damit meine ich solche Fälle, die mit Bewusstseinsveränderungen zusammen hängen. Dies aus der Überzeugung des behandelnden Psychologen oder Psychiaters. Es gilt zu verstehen, dass die Wirklichkeit, die der Patient schildert und erlebt, nicht nur seine Wahrheit ist, sondern, dass dies die Wahrheit ist. Das ist nicht einfach, weil eben jeder Mensch eine andere Wahrheit der Wirklichkeit empfindet. Zumindest wurden wir daraufhin erzogen, dass die Wahrheit das ist, was wir über unsere Außenwelt über unsere Sinne aufnehmen und über unseren denkenden Geist interpretieren.

Alles das, was der Patient schildert, sollte nicht als Störung, sondern als eine Wahrheit gesehen werden, der es sich gilt anzunähern. Was ich damit meine ist, sich die Inhalte dieser Wahrheit anzuhören und darin zugleich die Ursache zu finden. Eine

Ursachenforschung, die also nicht auf die Vergangenheit gerichtet ist, sondern auf das Hier und Jetzt. Das wäre in diesem Sinn das Naheliegende. Warum erkläre ich gleich.

Im erkenntnistheoretischen Interview durften wir bereits erfahren, dass die einzige Wahrheit das ist, was tief in unserem Herzgefühl, dem zweiten Gehirn verborgen ist, das Göttliche, das Leben, die Liebe, die Freude, und vieles an bewusstseinserweiterndem Mehr.

In Band A hatte ich, was den Geist betrifft, von der Reinigung über das Gehen des Handlungsstrangs gesprochen. Es ist sehr wichtig, um zu erkennen, wo und vor allem warum Fehler gemacht wurden, um es künftig anders zu machen. Doch bei Patienten muss dies mit äußerster Vorsicht und tiefem Feingefühl passieren. Es ist nicht gut für sie, dass sie ihre gesamte Geschichte aufarbeiten, denn dadurch verschwindet sie nicht. Wenn sie später einmal in einem psychisch stabileren Zustand sind, dann kann sich vorsichtig auch der Vergangenheit angenähert werden, doch zunächst sollte meines Erachtens immer erst das Hier und Jetzt der jeweiligen Wahrheit entschlüsselt werden. Das heißt für mich in der Praxis, das Auflösen der aus dem Geist kommenden aktuell negativen Bedeutungskonstitution, die sich in der jeweiligen Wahrheit offeriert und auf die Psyche niederschlägt.

Wie ich bereits sagte, ist die Grundvoraussetzung, einem Behandelnden unbedingten Glauben zu schenken, egal wie abstrus seine Geschichte auch auf denjenigen klingen mag, der diese Geschichte in seiner Wirklichkeit nicht erlebt. Das schafft nicht nur eine Vertrauensbasis, sondern wirkt auf den Behandelnden insofern positiv, weil er in seiner Wahrheit verstanden wird. Wenn man ihm hingegen keinen Glauben schenkt, ihm z.B. entgegen bringt, dass das, was er erlebe, mit Bewusstseinsstörungen zusammenhänge, dann verursacht dies beim Behandelnden meines Erachtens den Drang seine Wirklichkeit zu rechtfertigen. Was eine Verstärkung seines Problems verursachen könnte. In seiner Welt erlebt er diese Geschichte ja, sie fühlt sich für ihn real an, er kann nicht nachvollziehen, warum andere ihm keinen Glauben schenken, also sucht er nach Erklärungen, die potentiell weiteres Chaos in seinem Bewusstsein verursachen können. Schenkt man ihm hingegen Glauben für das, was in seiner Realität wirkt, geht es im nächsten Schritt, um das Finden der Ursache bzw. Ursachen seiner Wahrnehmung von Wirklichkeit. Damit ist nicht der Auslöser gemeint, der z.B. in einem traumatischen Ereignis oder in Drogenkonsum zu entdecken sein könnte, sondern die Ursache der Bilder bzw. die Bilder selbst, die in seinem Bewusstsein wirken. Diese gilt es meines Erachtens aufzulösen bzw. zu transformieren.

Könntest du uns ein Beispiel dafür geben. Im Moment kann ich es mir noch nicht so richtig vorstellen.

Ja, sehr gerne. Wenn ein Patient z.B. glaubt, er würde von Kameras überwacht werden oder er hält sich für die Reinkarnation einer geschichtlichen Persönlichkeit, dann sollte man ihm und das hört sich zunächst abstrus an, vermitteln, dass tatsächlich etwas Wahres an seiner Annahme dran sein könnte. Gemeint ist damit, dass die Wirkung als wahr interpretiert wird, diese auch einen bestimmten Zweck hat, wobei die Ursachen dieser Wirkung jedoch anderen Ursprungs sein können.

In Band A der 2 zu 1 – Relationstheorie hatte ich ja eine Idee hervorgebracht, dass es einen Film geben könnte, der das gesamte Geflecht der Menschheitsgeschichte wiedergibt. Einige Menschen mit Nah-Leben-nach-dem-Leben Erfahrungen berichten ebenso von einer Art Film, den sie gesehen haben, der ihr eigenes Leben wiedergibt. Da wir einfach zu wenig von dem, was zwischen Himmel und Erde ist, wissen, ist es durchaus vorstellbar und macht auch Sinn, dass unser Leben in irgendeiner Weise aufgezeichnet wird. Wenn also jemand, glaubt, er würde von Kameras überwacht werden, dann könnte dieses Gefühl ja aus einem unbewussten Wissen über diese Art Lebensfilm resultieren und meines Erachtens offeriert eine solche Erklärung und

Akzeptanz dieses nicht bewiesenen Phänomens für den Patienten einen leichteren Umgang mit dem, was er in seiner Realität erlebt. Denn jetzt lässt sich an den Bildern seiner Realität arbeiten und zwar insofern, dass diese nicht mehr belastend für den Patienten wirken. Und wirken sie irgendwann nicht mehr belastend, verschwinden sie meines Erachtens, eben weil ihnen keine Beachtung mehr geschenkt wird. Vielleicht können schon manche kurzen Aussagen, wie „Wir werden doch alle von ganz oben gefilmt, das ist doch nichts, weshalb du dir Sorgen machen musst", hilfreicher sein, als eine Portion Medikamente.

Es geht also um das Finden einer Erklärung, die potentiell aus weltlicher Sicht Sinn macht. Ich möchte das mit dem Phänomen Traum vergleichen. Im Traum möchten uns die jeweiligen Traumgeschichten etwas sagen oder wir verarbeiten etwas. Bestimmte psychische Probleme sind meines Erachtens eine gesteigerte bewusstere Form des Traumes. Das Beispiel mit den Kameras würde ja unter die Kategorie „Wahnvorstellung" fallen. Im nahen Sinn des Wortes heißt es also, es ist eine Vorstellung, die mit „Wahn" behaftet ist. Es gilt also nun, der Vorstellung den Wahn zu entziehen. Meines Erachtens könnte eine Möglichkeit dafür sein, den Wahn in eine positive Bedeutungskonstitution zu transformieren. Dem Wahn eine Idee zu geben, die nicht mehr belastend ist, sondern so erscheinen soll, dass sie zu dem natürlichsten wird, was es gibt.

In diesem Paradigma transformiert sich also die Vorstellung des Patienten, er würde von Kameras z.B. durch den Geheimdienst überwacht, in die Vorstellung, dass dies auf ein natürliches Phänomen rückführbar sein kann, dass auf einer anderen imaginären Ebene passiert, die es zu unterscheiden gilt.

Oder ein anderes Beispiel. Eine Patientin die glaubt, dunkle Schlingpflanzen würden sie immer zu schlechten Gedanken und Handeln verleiten, der könnte man einen imaginären Pinsel in die Hand geben, damit sie mithilfe ihrer Vorstellungskraft, und diese ist nicht zu unterschätzen, die Schlingpflanzen mit bunten fröhlichen Farben übermalt, so dass die Schlingpflanzen, sie künftig nur noch auf schöne Gedanken bringen. Natürlich gilt es dabei auch zu vermitteln, wie stark ihre Kraft sein kann, denn nur aus ihrer eigenen Überzeugung heraus, kann sie diese Vorstellungskraft tatsächlich erzeugen.

Vorausgehende Ursachen stecken natürlich in der Vergangenheit, und sicherlich ist es auch von Nutzen daran zu arbeiten, doch zu starke Selbstreflexion kann meines Erachtens, zu sehr überfordern. Denn wir dürfen nicht außer Acht lassen, wie viele Bilder ein Mensch im Laufe seines Lebens mit sich trägt. Diese stammen nicht nur aus eigenen Erfahrungen, sondern aus gänzlich allem, was man gesehen und gehört hat. Ein sehr umfangreiches Geflecht, in dem man nicht allzu viel drin bohren sollte. Teile davon möchten durchaus bearbeitet werden, aber der Hauptfokus sollte auf das Hier und Jetzt verlagert werden.

Das permanente Wiederholen eines traumatischen Ereignisses, weil man z.B. Zeuge eines Unfalls geworden ist, führt meines Erachtens zu nicht viel, es könnte im Gegenteil das Trauma verstärken. Das Ereignis selbst lässt sich nicht reparieren, aber im Hier und Jetzt lässt sich lernen, damit umzugehen. Hier wäre die Methode keine Ideen-Findung, sondern eine Sinnfindung. Diese könnte potentiell darin zu entdecken sein, dass eben das traumatische Ereignis, dich transformiert hat, vielleicht dich zu einem einfühlsameren Menschen gemacht hat.

Es geht also nicht darum zu verstehen, was passiert ist, sondern warum. Auf dich selbst bezogen heißt das, herauszufinden, was das Warum eines höheren Sinns sein könnte, und zwar in Hinblick auf eine positive Transformation deines Selbst. Analog dazu passt auch ein Anagramm, das ich im Wort „Disziplinen" entdeckt habe.

DISZIPLINEN

ZIEL DIP SINN	→ DIP (eintauchen)
INDIZPINSEL	→ INDIZ (Hinweis, Anhaltspunkt)

Vielleicht ist mit diesem Anagramm grundlegend gemeint, dass es in Wissenschaften nicht darum gehen sollte, Wissen zu schaffen oder zu entdecken, sondern den Sinn dahinter zu verstehen. Die Psychologie ist ein weiter Begriff, den ich hier nur ansatzweise besprechen konnte. Natürlich kann ich mich mit meinen Meinungen und Ideen auch irren. Doch was ich herüberbringen möchte ist, dass wir einen anderen Blick für Menschen mit psychischen Problemen bekommen und auch für jene, die deswegen in der Psychiatrie behandelt werden müssen. Im Anagramm dazu heißt es:

A TYPISCH IRE	→ A TYPISCH (abweichen von der Norm), IRE (irre, geisteskrank)
PSYCHIATRIE	

Es heißt also nicht typisch oder untypisch, sondern a typisch. Im AB – Zeichen (ich hatte dies als Idee auch in dem Roman „Bodos fantastische Welt" eingebracht), steht das A für die weltliche und das B für die irdische Seite. A typisch könnte also heißen, dass die Wahrheit des Patienten auf einer anderen Seite zu entdecken wäre.

DENEN OP SARG

ORGANSPENDE

OP ANDERS GEN

DA SEGNEN PRO

GNADE PERSON

PARDON SEGEN	→ PARDON (Verzeihung, Entschuldigung)

Doch kommen wir zur Medizin. Ich habe schon öfter die Erfahrung gemacht, dass sich kleinere Weh-Wehchen doch manchmal recht einfach behandeln lassen, indem die Ursache für das jeweilige Weh-Wehchen erkannt wird. Kopfschmerzen können manchmal dadurch entstanden worden sein, weil man beim Schlafen sein Kopfkissen zu hoch oder zu niedrig positioniert hatte. Sie können auch dadurch entstehen, weil man zu viel geraucht, zu wenig Wasser getrunken hat etc. Was ich damit sagen möchte ist, dass sich für manches doch recht leichte Lösungen finden können, aber dies ist ja nichts Unbekanntes. Im Prinzip liegen Schlüssel für kleine Weh-Wehchen in Ernährung, Bewegung, Lebensgewohnheiten etc.

Ich glaube, dass jeder Mensch seinen Körper doch recht gut kennt und tief im inneren auch weiß, was diesem bekömmlich ist und was nicht. Spannend am Thema Medizin und Gesundheit finde ich auf jeden Fall auch den Placebo-Effekt und ich glaube auch daran, dass der Mensch in bestimmter Weise über Selbstheilungskräfte verfügt. Wie stark, die sind und in der Zukunft sein können, kann ich natürlich nicht sagen. Andererseits folgt ja alles auch einer weltlich-göttlichen Ordnung, so dass bestimmtes, was vielleicht möglich und vorstellbar ist, dieser Ordnung aber nicht entspräche. Da wir hier auch die 2 zu 1 – Relationstheorie diskutieren, kann ich mir auch gut vorstellen, dass es auf jedes chemische oder technische Heilmittel ein natürliches Pendant gibt. Oft wurde ja über die Heilkraft von Urin diskutiert und vor zwanzig Jahren hab ich auch mal ausprobiert einen Pickel davon wegzubekommen. Es war wohl so, dass sich die Haut an der Stelle daraufhin anders anfühlte, aber dass er dadurch schneller wegging, kann ich nicht sagen. Da ich Urin als Abfallstoff sehe, bin ich da eher skeptisch. Wenn durch eine solche Behandlung etwas weggeht, dann womöglich weil der Behandelnde sehr stark an die Wirkung geglaubt hat. Ich denke mir aber, dass es einen anderen körpereigenen Stoff gibt, der magische Heilungskräfte hat und das sind nach meiner Idee ‚Tränen des Glücks'. Nach der 2 zu 1 Relationstheorie würden Tränen des Glücks als Arznei Sinn machen. Wenn sie aus tiefem Herzen kommen, du am Auge eventuell momentan einen Gerstenkorn hast, dann könnte ich mir gut vorstellen, dass dieser recht schnell weg geht, sofern er mit den Tränen in Berührung kommt. Wer weiß, vielleicht sind gerade die kleinen als absurd klingenden Ideen, Schlüssel. Manche Ideen machen logisch irgendwie Sinn. Vielleicht hilft ein täglicher fünfminütiger Handstand ja gegen vorzeitigen Haarausfall oder Haarausdünnung. Logisch gesehen würde dies Sinn machen, weil durch den Hand- oder Kopfstand ja die Durchblutung im und am Kopf angeregt wird. Wer weiß. Ich hatte eine solche Idee wohl auch mal in den 1990er Jahren im Fernsehen gesehen. Weiß aber nicht, was eine Langzeitstudie als Ergebnis gebracht hat und ob eine solche überhaupt gemacht wurde.

Auf weiteres möchte ich das Thema Medizin recht offen lassen und nun zu Anagrammen aus den Naturwissenschaften Biologie, Chemie und Physik wechseln.

NATURWISSENSCHAFT

UNS FRIST ANWAECHST

´CH WENNS TUST SAFARI

WACHT AUF REST SINNS

EMBLEM PUR UTOPIE	→ EMBLEM (Sinnbild, abstrakter Sachverhalt, Abzeichen), PUR (rein), UTOPIE (fiktiver Entwurf)
PUU' TIME PROBLEME	→ TIME (Zeit)
UU TEMPI PROBLEME	→ TEMPI (Zeitmaß)

PERPETUUM MOBILE

Wow, das Anagramm zu Perpetuum Mobile ist ja wieder eins, das besonders klar erscheint.

Ja, es bestätigt das, was schon sehr lange vermutet wird, nämlich dass der Bau eines Perpetuum Mobiles hier nicht möglich sein dürfte, dass die Idee, der Entwurf eben an dem Zeit – Problem scheitert. Ich finde solche expliziten Anagramme immer besonders faszinierend, weil sie genau das auf den Punkt treffen, was das Problem ist. Doch kommen wir zu weiteren, die nicht geordnet erscheinen, aber in Bezug zu Themen aus Physik, Chemie oder Biologie gesetzt werden können.

KLASSISCHE MECHANIK

KICK, SEHE IM NACHLASS	→ KICK (gucke, schaue)
ISAAC ENKELS HK MISCH	→ ISAAC (Newton), HK?

ELEKTRODYNAMIK

DYNAMO ELEKTRIK

DA KOMETEN LYRIK

KO DYNAMIT KERLE

DENKE LYRIK ATOM   → Anagramme?

AMT EDEN LYRIK OK

THERMODYNAMIK

DYNAMO THERMIK

HEY MIT DR MANKO	→ MANKO (Fehlmenge)
EI KOMM HYDRANT	→ HYDRANT (Zapfstelle)

RELATIVITAETSTHEORIE

EI VETO HIRT IST RAETSEL

SI THEORIE IST VERALTET → SI (ob?), SI (sieh?)

SIE IST THEATER LIVE TOR

ORTES IST VARIETE HEILT

ES IST VORTEIL HEIRATET

HEY AN IQ PUNKTS

QUANTENPHYSIK

GRAVITATION

AG VATI IN TOR

GOTT VIA AIR N → VIA AIR (über Luft)

BEOBACHTEN

AB OBEN ECHT

BEACHTE BON → BON (gut)

MESSEN ANALYSIEREN

ANALYSE – NEIN MESSER

ANALYSE SINN MEERES

NEME RAETSEL → NEME (nehme)

ELEMENTARES

ER SEELENAMT

KREUZT AB ERDE PRIORI	→ PRIORI (von früher her, voraus, Anfangswahrscheinlichkeit)
BAUKOERPER DIR ZIERT	
DARUEBER IT REZIPROK	→ IT (es), REZIPROK (wechselseitig, umkehrbar)
KOPIERT REDUZIERBAR	→ REDUZIERBAR (zurückführbar, nachvollziehbar – Reduktion)
REPRODUZIERBARKEIT	→ Wiederholbarkeit
AB IDEE IRRT ZU KORPER	
DABEI ZU KOERPER IRRT	
BURDA EIERT REZIPROK	→ BURDA (polnisch – Streit, Krawall)
DIE BARRIERE KURZ – TOP	
REKORD TRIP ZAUBEREI	
OR BEGEGNEN	→ OR (Ohr?)
GEB GOENNER	
OBER GEN GEN	
ASTRONOMIE	
SO TOR MANIE	→ MANIE (Wahnsinn, Raserei)
ORTS ANOMIE	→ ANOMIE (wenig Ordnungen, Normen...)
MONO SATIRE	→ MONO (allein, einzig)
OI TONARMES	

ORIONS TEAM	→ ORION (Sternbild Orion)
SA MONITORE	→ SA (sah)
OMA ORIENTS	
OASEN IM ORT	
SO REIN ATOM	
AN EI MOTORS	
STURE LERNMATERIAL	
ES RUM TRILATERALEN	→ RUM (herum), TRILATERAL (dreiseitig → interplanetar, interstellar, intergalaktisch?)
INTERSTELLARE RAUM	→ INTERSTELLAR (Raum zwischen den Sternen)
LEERT ULTRAMARINES	→ ULTRAMARIN (über das Meer, blau)
URTEIL ALARME STERN	
AREAL MUNTERER STIL	→ AREAL (Fläche, Region)
FREMDE WELTEN	
FERN WEM E.T. LED	→ LED (Leuchtdiode)
WEM E.T. FELDERN	
HABITALE ZONE	→ „bewohnbare Zone"
HAB OZEAN TEIL	
AB HELIO TANZE	→ HELIOS (Sonne)
OH BANALE ZEIT	

NAHE ZOELIBAT	→ ZOELIBAT (Ehelosigkeit), (irdisch-weltlich?)
AN EH' ZOELIBAT	
AHOI AB ZELTEN	→ AHOI (Gruß), ZELTEN (Sternenzelte?)
AHOI LEB TANZE	

Wenn es um die Frage geht, ob wir allein im Universum sind, dann wird diese ja an unseren Lebensnotwendigkeiten bemessen. Das heißt aber nicht, dass andere Lebewesen unter ganz anderen Gesetzmäßigkeiten existieren können. Ich kann mich noch gut daran erinnern, dass in den 80er Jahren der Konsens größer war, der sagte, es gebe keine außerirdischen Lebensformen. Mitte der 90er Jahre mit Entdeckung der ersten Exoplaneten änderten sich die Meinungen zunehmend, so dass heute doch ein recht großer Teil von Menschen davon ausgeht, dass wir nicht allein im Universum sind. Diese Meinung entsteht aus der hohen Wahrscheinlichkeit heraus, was die Anzahl an Galaxien, Sonnensysteme und Planeten im Universum betrifft. Man könnte aber auch eine andere Theorie vertreten, die davon ausginge, dass es sogar in jedem Sonnensystem Lebensformen gibt. Dies könnte man damit begründen, dass sofern hinter allem ein Plan steckt, es keinen Sinn machen würde, wenn es ein Sonnensystem gäbe, dass keine Lebensformen hervorbringt. Argumente, die wiederum gegen die vorausgehende Theorie sprechen, könnten solche Begründungen implizieren, wie, wenn es in unserem Sonnensystem außer der Erde, keinen Planeten gibt, auf dem Lebensformen existieren, dann ist die Wahrscheinlichkeit höher, dass es in Sonnensystemen Planeten gibt, die ebensowenig Leben hervorbringen. Dem wiederum könnte man entgegenbringen, dass wir es ja erstens nicht wissen, ob die Erde der einzige Planet in unserem Sonnensystem ist, auf dem Leben existiert und dass wir zweitens ja auch nicht alle Funktionen der jeweiligen anderen

Planeten unseres Sonnensystems kennen. Vielleicht sind die anderen Planeten und Trabanten unseres Sonnensystems weitaus wichtiger für unser Leben, als wir vermuten. Der Saturn bewahrt uns vor Kometen und andern Himmelskörpern, der Mond hat Einfluss auf Ebbe und Flut, auf das Wachsen von Pflanzen etc., vielleicht gibt es ja weitaus mehr, dass wir nicht wissen. Es könnte ja sein, dass wir wirklich allein im Universum sind, was die körperlichen Lebensformen betrifft, allerdings dann wäre meine Frage, ob das, was wir im Sternenwald sehen, vielleicht nur eine Illusion ist. Auch das ist vorstellbar. Vielleicht ist unser Sonnensystem das einzige im Universum. Vielleicht ist unser Sonnensystem in einer Hohlkugel eingeschlossen, dessen Innenseiten eigenartige Spiegelfunktionen besitzen, die im Prinzip auf kuriose Weise unser eigenes Sonnensystem in verschiedenen Varianten, Größen, Farben, Formen und an verschiedenen Positionen spiegeln.

Es gibt ja Positionen, die sagen, wir wären schon oder würden immer noch von Außerirdischen besucht werden. Argumente dagegen, implizieren die technologischen Möglichkeiten. Es wird angenommen, dass, wenn Außerirdische in anderen Sonnensystemen existieren, sie genauso wenig über die Technologien verfügen würden wie wir. Meines Erachtens wissen wir aber nicht, wie weit solche in ihrer Entwicklung sind und über welche Materien sie verfügen. Jetzt könnte man sich eine andere Frage stellen, vielleicht verfügen sie über die Technologien, besuchen uns aber dennoch nicht auf eine direkte Art. Woran könnte das liegen? Auch hierfür gäbe es verschiedene Erklärungsmöglichkeiten. Vielleicht sind diese Lebewesen kaum vorstellbar groß, dass sie aufgrund ihrer Größe gar nicht in unser Sonnensystem gelangen können oder es nicht tun, um eine gewisse Ordnung nicht zu zerstören. Es kann aber auch sein, dass sie uns durchaus beobachten, aber uns nicht aus dem Grunde direkt besuchen, um unseren Plan, den wir uns als Menschen vorgenommen haben, nicht durcheinanderzubringen. Vielleicht sind sie aber auch von dem Handeln irdischer Lebensformen erschrocken, so dass das der Grund ist, warum sie nicht direkt in Erscheinung treten. Vielleicht wollen sie uns mit Zeichen z.B. in Kornkreisen tatsächlich Anleitungen geben. Vielleicht sind aber auch alle Geschöpfe, die nicht irdischer Natur sind, Himmelsgeschöpfe. Wer weiß.

Interessant finde ich auch den Aspekt der Zeit. Ich bin mir allerdings nicht sicher, ob es immer funktioniert Zeit in Bezug zum Licht zu setzen. Lichtgeschwindigkeit bemisst sich ja daran, wie lange Licht von einem Ort zum anderen benötigt. Dadurch kam die Theorie auf, dass wir im Sternenhimmel die Vergangenheit beobachten könnten. Ich bin mir aber nicht sicher, ob das so gedacht werden kann. Denn es gibt ja zwei Arten von Licht, die eine Art von Licht ist jene die an oder ausgeht, diese lässt sich durchaus mit Zeit in Bezug setzen, doch was ist mit dem Licht, das bereits im Hier und Jetzt existiert. Für dieses Licht haben oder wissen wir keinen Anfangs oder Endpunkt. Es existiert im Hier und Jetzt und ist daher meines Erachtens zeitlos oder zeitunabhängig. Daher weiß ich nicht, ob dieses Licht überhaupt eine bestimmte Zeit braucht, um uns zu erreichen. Vielleicht sehen wir dieses Licht im Hier und Jetzt genauso wie es auch dort im Hier und Jetzt existiert.

In Interview 8 hatte ich in meiner Idee Zeit zyklisch gedacht, ich habe irgendwann auch mal gelesen, kann die Quelle allerdings nicht mehr ausfindig machen, dass Nostradamus ähnliches schon mal gedacht hat. Auch für den Begriff der Unendlichkeit könnte man verschiedene Typen hervorbringen. Unendlichkeit in einem Zyklus, in einem geöffneten Zyklus, in einer Spirale, im Hier und Jetzt, als Ewigkeit...

Es gibt ja auch die Frage, ob sich das Universum ausdehnt. Es könnte sein, vielleicht ist der Raum aber auch schon so da, dass sich nur die inneren Objekte in bestimmter Symmetrie neu zueinander positionieren. Doch kommen wir zu weiteren Anagrammen aus Naturwissenschaften.

CHEMIEPHYSIK

HEY KIS IM PECH → KIS (ungarisch – klein), KISS (Kuss)

HEY MISCHE PIK → MISCH (mischen)

HEY KEIM CHIPS → KEIM (keimen)

ORGANISCHE CHEMIE

MERCI HOCHNAESIGE

MECHANISCHE ORGIE

RAECHE ION GEMISCH

ICH SCHAEME ORGIEN

MAGISCHEN CO REIHE

MASCHINERIE CO, GEH

RIESIGE CHANCE – OHM → OHM (Zeichen für Omega, Omega in Bibel Zielpunkt)

PERIODENSYSTEM

IDEE OP NR SYSTEM → OP (Operation, Vorgang), NR (Nummerierung)

PRO IDEEN SYSTEM

DIESES TYPE NORM

MEIDE SENSOR TYP → SENSOR (Messgerät)

SO IM TYPEN ERDES

OBER PILSEN	
EN PILS, OBER	
NOBELPREIS	
ER SPION BEL	→ SPION (to spy – spionieren, Kundschaften), BEL (schön)
SNOB PER ELI	→ SNOB (arrogante Person)
SO PENIBLER	→ PENIBEL (sehr genau)
BEEIL SPORN	→ SPORN (von Spur?), SPORN (Ansporn – Antrieb, Beweggrund)
LIES PROBEN	→ LIES (von lesen?)
PROBE LINSE	→ LINSE (Botanik - Hülsenfrucht), LINSE (Spionage – Guckloch), LINSE (Forschung – Linse Mikroskop)
ERBSE IN OP L	→ OP (Operation – Handlung, Aktion, Vorgehen)
OP ERLEBNIS	
REIBEN POLS	
LEBE INS PRO	
BON SPIELER	→ BON (guter)
BIOLOGIE	
OBIGE OIL	→ OIL (Öl)
BI GEO OIL	→ GEO (Erde)
SCHORF	

FROSCH

FORSCH

ANTIKE AS

INKA SAET

SAAT KNIE

KENIA AST

KASTANIE

MENSCH WICH AAS

SCHMACH WAISEN → SCHMACH (Unehre)

CHIC HANSE WAMS → CHIC (schick), WAMS (Weste)

SCHACHS AM WEIN → SCHACH (König)

SCHWACH SEI MAN

EINSAM SCHWACH

MANISCH WASCHE → MANISCH (antriebsgesteigert)

WAS MECHANISCH

HEIM WC ACH NASS

ACH WAMS SCHEIN

NA WAS CHEMISCH

MACH NASS WEICH

MISCHE WAS NACH

WASCHMASCHINE

SEH WC, STOFFEL

STOFFWECHSEL

FLOHS FESTE WC → FLOH (fliehen)

HOF FESSELT WC

FESTES FLOH WC

FEIGSTEN KLEIN

FLIEGEN INSEKT

FLIEGEN STINKE

IN EKELS FINGET

FINTEN EKLIGES → FINTEN (täuschen)

EIGENSTE FLINK

KLEINEN GIFTES

KEGLE TIEFSINN

Ja, Chemie, Physik und Biologie sind sehr weitreichende wissenschaftliche Disziplinen, zu denen sich noch eine Fülle an Anagrammen bilden lassen. Manchmal stößt man auf welche, wo die Erschließung des Sinns ein bisschen länger dauert, andere hingegen, so wie die letzten drei zur „Waschmaschine", zum „Stoffwechsel" und zum „Fliegen Insekt" erzählen ganz klare Geschichten, die sehr treffend sind. In Band A der 2 zu 1 Relationstheorie sprach ich ja von einem großen Puzzlespiel, das vor uns liegt. Wer weiß, was sich noch so alles entdecken lässt. Möchte in Bezug auf Biologie, Chemie und Physik auch noch an vorherige Anagramme aus anderen Interviews erinnern. Einige

Themen schnitten in den jeweiligen Codes nicht besonders wohlgefallend ab. Was die Chemie angeht, war insbesondere häufig von Kohlenstoff, Kohlenstoffverbindungen und Öl die Rede mit Hinweis darauf, dass diese unserer Umwelt nicht besonders bekömmlich sind. Was die Physik angeht gab es Warnungen bezüglich Forschungen in Richtung Teilchenbeschleuniger oder Atom. Sicherlich gäbe es auch, was die biologische Forschung angeht, einiges zu bemängeln, was hier jedoch nicht meine Aufgabe sein soll. Ich denke mir, dass allen bewusst ist, was jeweilig der Flora und Fauna nicht gut tut. Wenn ich über Flora und Fauna nachdenke bin ich immer wieder fasziniert, was Gott so alles erschaffen hat. Ein absolut stimmiges Naturereignis. Dies auf jede Pflanzen- und Tierart bezogen. Welche erstaunlichen Leistungen z.B. Bienen oder Spinnen vollbringen, die Transformation einer Raupe zum Schmetterling, die Transparenz von Quallen, die Intelligenz von Tintenfischen, das Schneckenhaus der Schnecke, die Sonarortung von Walen und Delfinen, Schleimpilze und und und, dies allein auf der Erde, die Wunder im Universum erweitern die Begeisterung und Faszination. Wow, ich staune und bin verblüfft.

INTERVIEW 15: GESELLSCHAFTSWISSENSCHAFTEN, PÄDAGOGIK, POLITIK, WIRTSCHAFT; RECHTSWISSENSCHAFT

Hallo Leute, herzlich willkommen zur fünfzehnten Ausgabe von Werhatdieidee – TV. Mein Name ist Silvio Tunnels und heute geht es um die Themen Gesellschaftswissenschaften, Pädagogik, Politik, Wirtschaft und Rechtswissenschaft. Micha, womit beginnen wir?

Hey Silvio. Ich möchte gern mit Pädagogik beginnen und habe dafür auch gleich das Anagramm mitgebracht.

GAG DA KOPIE → GAG (Witz)

PAEDAGOGIK

Was bedeutet das denn?

Da es in Pädagogik um Erziehung geht, im Anagramm das Wort „Kopie" auftaucht, würde ich darauf tippen, dass die angewandte Pädagogik, das umzusetzen versucht, weshalb wir meines Erachtens hier sind. Uns zu einer bestimmten Art Mensch zu erziehen. Ich muss dafür weiter ausholen. Im Interview zur Schöpfung hatten wir ja in den Anagrammen, Hinweise darauf, dass Gott uns aus dem Wort erschaffen hat. In der anderen Variation der Schöpfungsgeschichte hat Gott uns aus seinem Körper heraus als Ebenbild erschaffen. Beide Schöpfungsgeschichten müssen nicht miteinander konkurrieren, sondern können 2 zu 1 miteinander verschmolzen werden. Denn in letzterer Schöpfungsgeschichte geht es um die materielle Erschaffung, in der ersten hingegen meines Erachtens um das geistige Gut, das der Mensch mit dem Wort mitbekommt. Durch die verschiedenen Bedeutungskonstitutionen im Wort erscheint dadurch ein Drama, das als Konglomerat ein Gemisch aus Schwarz und Weiß und anderen Farben ist. Und dieses Konglomerat möchte uns formen, möchte uns zu einer bestimmten Art von Wesen transformieren. Meines Erachtens eines das liebevoll, friedvoll, gütig, freudig, lebensbejahend, interessiert und kreativ ist. Dies ist meines Erachtens die Lernaufgabe, die wir hier auf diesem Planeten zu bewältigen haben. Durch das Wort möchte eine besondere Form des Geistes gefunden werden und durch das Drama möchten bestimmte Emotionen überwunden werden, wodurch sich eine bestimmte Art von Seele entwickelt. Das ist meines Erachtens unsere Erziehung hier, unsere Aufgabe, unser Lebensplan. Es ist möglich, dass dieser Lebensplan von Gott kommt, vielleicht haben wir ihn uns sogar selbst vor Eintritt in das irdische Leben ausgesucht. Vielleicht wollten wir die zweite Bedeutungskonstitution kennen lernen, um zu lernen, wie wertvoll die erste ist, lernen sie wertzuschätzen. Es ist meiner Idee nach eine gegenseitige Relation. Gott hat uns die Möglichkeit dieser Erfahrung geschenkt, andererseits bekommt er nachfolgend liebevolle Wesen zurück. Dies ist aber in einer bedingungslosen Liebe gemeint, nicht weil Gott es braucht, sondern weil er uns so liebt, dass er sich wünscht, dass wir zu diesen Wesen werden. Es geht also meines Erachtens nicht um das Brauchen, weil Gott als Schöpfer in seiner Allmacht dies nicht nötig hat, sondern in dem gedachten Sinn, dass wir ein Teil von Gott sind und er ein Teil von uns.

In der Schöpfung selbst, bringt Gott sein Schöpfungsinteresse, seine Kreativität ein. Doch was ist sein nachfolgendes Interesse? Wenn es nur um die Betrachtung eines Dramas, eines Schauspiels, einer Art menschlicher Soap Opera ginge, dann wäre das Interesse die reine Unterhaltung. Dies würde aber dann keinen Sinn machen, wenn man den Blick auf weltliche Zeichen richtet. Denn meines Erachtens gibt es diese und diese erscheinen aus dem Grunde, um uns mit unserer Entwicklung zu formen. Das wäre meiner Idee nach die weltlich – göttliche Pädagogik.

Die irdische Variante sieht manchmal anders aus. Meiner Meinung nach, werden Menschen viel zu stark in Richtung Leistung und Funktionieren in der Gesellschaft hin erzogen, wodurch vieles erscheint, das den Menschen in seiner Entfaltung hindert. Bereits in der Schule ist das Angebot von Musik, Kunst, Literatur und Sport im Verhältnis zu anderen Fächern, nicht ausgewogen. Jedes Fach hat seinen Nutzen, doch meines Erachtens müssen auch sehr viele Dinge gelernt werden, die in das kleinste Detail gehen, anstatt sich auf das Wesentliche, das, was wirklich relevant ist zu konzentrieren. Ich meine damit vor allem das Auswendiglernen von Formeln, Arten, Typen, Klassifizierungen etc. Sicherlich fördert häufiges Auswendiglernen auch bestimmte Gehirnleistungen. Allerdings bin ich skeptisch, ob angesichts der Masse, die pro Tag gelernt werden sollte, das Behalten des Stoffs dauerhaft ist. Denn an wie viel kann man sich zwanzig Jahre nach Schulentlassung wirklich erinnern? Meistens sind es doch nur die Dinge, die man selbst als wesentlich erachtet hat. Ich selbst bin phasenweise immer mal wieder sehr gern und immer mal wieder sehr ungern zur Schule gegangen. In den ungern Phasen lag es meist an mangelndem Interesse, was den derzeitigen Unterrichtsstoff anging, an zu hohem Leistungsdruck oder weil im Umfeld, der Schule etwas war, das mir nicht gefallen hat. Von Mobbing bin ich größtenteils verschont geblieben, allerdings habe ich es gegenüber Mitschülern phasenhaft beobachtet. Auch hierbei gab es unterschiedliche Verhalten meinerseits. Manchmal fehlte mir die Traute zu helfen, manchmal war ich einfach nur ratlos und andere Male, konnte ich dann doch schon die Courage aufbringen, in irgendeiner Weise zu helfen. Ich kann mir gut vorstellen, dass in der Schulpädagogik noch einiges getan werden darf, wie eben auf Mobbingfälle zu achten, den Leistungsdruck zu mildern und durch attraktive Angebote, Wahlmöglichkeiten sowie spannenden Unterrichtsstoff mehr Interesse zu erregen. Ich habe noch Anagramme zu Klausuren und Tests mitgebracht, da schauen wir jetzt mal hinein.

UNS TUST RAEKELS → räkeln (Körper strecken, dehnen)

KLAUSUREN TESTS

TREU STUSS LAKEN	→ STUSS (Unsinn), LAKEN (Betttuch, Tuch, Lappen)
STURSTES KNAEUL	→ STUR (unwillig),
KNAEUL TU STRESS	→ KNAEUL (unentwirrbar)
STRESS TUN KLAUE	→ KLAUE (unleserliche Handschrift)
TURNST SUL KAESE	→ SUL (auf dem)
HASSESTE KULTUR	
LASS EUTER KUNST	
LASS STURE TUNKE	→ TUNKE (Soße)
SAUERSTEN ULKST	
TUT UNSER KLASSE	
NEUTRALSTE KUSS	
UNTERTASSE ULKS	
ENTLASTE KURSUS	→ Bezug zur Leistungsgesellschaft
TUT KURSE LASSEN	
ULK TAUEN STRESS	→ Empfehlung: mehr Freude ins Lernen einfließen lassen
EKSTASE NUR LUST	→ EKSTASE (Verzückung, Trance)
RAETSEL TUN KUSS	
LASS TEE; TUN KURS	
LERNT TAU KUSSES	→ TAU (starkes Seil)
SUESS KUR TALENT	

TUTS ELAN KURSE	→ ELAN (Begeisterung)
NUR TALKE SUESST	→ TALK (Gespräch, Unterhaltung)
RESULTATEN KUSS	
NEUSTART KUSS EL	
NEUSTART ES ULKS	
UNSER ULK SATTES	→ SATT (reichlich, gut)

Ja, ich deute die Botschaft in diesem Anagrammcode dahingehend, dass den gesamten Prüfungen ein Stück Druck entnommen werden möchte. Ein bisschen mehr Ulk in den Unterrichtsstoff, mehr Fokus auf das Gespräch etc.

Auch der Zeitdruck ist in manchen Prüfungen extrem hoch. Meines Erachtens verfälscht dieser die Ergebnisse. Denn es gibt immer diejenigen, die mehr Zeit zum Lösen einer Aufgabe benötigen als andere. Dies fällt mir insbesondere bei IQ-Tests auf, wobei für das Lösen einer Aufgabe nur ein extrem kleines Zeitfenster zur Verfügung steht. Passend dazu, möchte ich nachfolgendes Anagramm einbauen.

IT IN GEN ZELL	→ IT (es)
ZELLT IN GENI	→ GENI (Genie)
INTELLIGENZ	

Doch bleiben wir bei der Pädagogik. Interessant ist, dass das vorausgehende Anagramm, davon berichtet, dass Intelligenz offenbar angeboren ist. Und das bringt mich zu der Frage, was ist angeboren und was ist anerzogen? Die Frage kann ich nicht beantworten, aber in Bezug zur 2 zu 1 – Relationstheorie würde ich noch eine dritte Komponente dazu nehmen, die ich „gelenkt" nennen möchte. Damit ist das gemeint, was potentiell nicht von

Anfang an, in deinen Lebensplan geschrieben wurde. Denn im Leben wirst du immer mal wieder vor Weggabelungen stehen, die dich in mehr als nur eine Richtung führen können. Du hast jetzt den freien Willen zu entscheiden. Jedoch ist nicht klar, ob dieser freie Wille tatsächlich so frei ist, aber dennoch gibt es da etwas, dass dich für diese und keine andere Richtung entscheiden lässt, was dich nachfolgend stark formen wird. Diese Komponente möchte ich als „gelenkt" bezeichnen, weil ich mir vorstellen könnte, dass tatsächlich nicht jede Entscheidung, schon von Anbeginn in deinem Lebensplan geschrieben ist. Meines Erachtens kann dieses Gelenkt werden in ganz kleinen, hauchfeinen Details stecken. Ich könnte mir vorstellen, dass in diesem Aspekt einiges im Bereich der Zwillingsforschung zu entdecken wäre.

Ich habe mir dafür ein Beispiel ausgedacht. Eineiige Zwillinge, beides Brüder wachsen die ersten drei Jahre ihres Lebens mit gemeinsamen Spielzeug auf. Dadurch sind ihre Interessen zunächst sehr ähnlich. Doch dann kommt der Tag, an dem sie zum ersten Mal in ihren künftigen Kindergarten kommen. Begleitet durch die Mutter kommen beide Zwillinge in den Spielraum ihrer künftigen Kindergartengruppe. Mit der rechten Hand hält die Mutter die Hand von Zwilling 1 und mit der linken Hand die Hand von Zwilling 2. Doch jetzt passiert etwas Kurioses. Die Kindergärtnerin unterhält sich mit der Mutter, woraufhin diese ihre Hände löst. Beide Kinder rennen jetzt auf das Spielzeug zu, das sich unmittelbar in ihrem Sichtfeld befindet. Dies unterscheidet sich jedoch bei den beiden Zwillingen. Zwilling 1 rennt auf die Ecke zu, wo sich Spielzeugautos, Bauklötze, Bagger und Kräne befinden. Zwilling 2 hingegen rennt in die Ecke, wo sich das Kasperletheater, Wasserfarben und Bastelbögen befinden. In den jeweiligen Ecken befinden sich auch andere Kindergartenkinder. Beide Zwillinge bauen ihre ersten sozialen Kontakte zu ihren Kindergartenkameraden auf und dadurch entstehen recht rasch spezielle Freundschaften, die von jetzt an für beide Zwillinge getrennt, die nächsten drei Jahre bestehen bleiben. Zwilling 1 wird sich zu jemand mit ausgeprägtem technisch-handwerklichem Interesse entwickeln, Zwilling 2 hingegen künstlerisch-kreative Hobbys entfalten.

Dies wird für beide Zwillingsbrüder einen großen Einfluss auf ihr weiteres Leben nehmen. Ein willkürlicher Zufall oder ein Zufall, der gelenkt wurde? Wäre auf jeden Fall schade, wenn eine so große Lebensentfaltung willkürlich auf einen so kleinen Moment zurückzuführen wäre, nur weil der eine Zwilling an der linken Hand, der andere an der rechten Hand der Mutter in den Kindergarten kam.

Doch komme ich zurück zum Thema Schule. Was ich merkwürdig finde ist der Lehrplan des Schulsystems. Ich habe mich oft gefragt, warum manchen Fächern mehr Gewichtung gegeben wird, als anderen, warum in bestimmten Fächern nur bestimmte Themen besprochen werden und andere nicht. Nun mein Abitur liegt schon 25 Jahre zurück und was heute so genau alles besprochen wird, kriege ich nicht mit. Als Betrachter von außen fällt mir dennoch auf, dass sich die Inhalte nicht wesentlich verändert haben. Meine Frage ist, warum sind Mathematik, Deutsch und Englisch zu Hauptfächern geworden? Warum werden im Religionsunterricht überwiegend nur die Inhalte der eigenen Religionszugehörigkeiten besprochen, kaum aber die anderer Religionsgemeinschaften? Im Politikunterricht, wenn er denn angeboten wird, geht es überwiegend um innenpolitische Themen. Im Musikunterricht geht es z.B. und so war es bei mir, um Singen, Tonleitern und Noten, man lernt die Arten der Instrumente kennen, vielleicht werden Referate über Opern, Operetten und Musicals geführt, und in der Oberstufe dann noch klassische Musik besprochen. Worauf ich hinauskommen möchte, jeder Schüler hat seine individuell verschiedenen Interessen, die meines Erachtens nicht geweckt werden können, wenn er an Themen gebunden wird, die für ihn in seiner Entwicklung keinen Sinn machen. Die Entscheidung darüber, ob ihn ein Thema begeistern wird, trifft er meines Erachtens recht schnell, dementsprechend wird er diesem Thema die entsprechende Beachtung schenken. Natürlich gibt es wenige Ausnahmen Es kann sein, dass er zunächst ein Thema für langweilig erachtet, im Verlaufe der Besprechung dann doch seine Meinung ändert, doch wie häufig kommt dies tatsächlich vor? Nach der 2 zu 1 - Relationstheorie hängt das Interesse, was in ihm geweckt werden kann mit dem Naheliegenden, also das was ihn bisher als Person geformt hat zusammen, und ebenso mit dem Herzgefühl, also die Liebe zu dem, was ihn geformt hat.

So fand ich z.B. die Besprechung der Französische Revolution in Geschichte interessanter als zu wissen, wann welcher König gelebt und regiert hat. In Biologie fand ich Genetik spannender als zu wissen, wie die jeweiligen Körperteile von jeweiligen Tieren heißen. In Erdkunde habe ich mich mehr für andere Länder und fremde Kulturen interessiert, als für die Raumstrukturierung des Ruhrgebiets. In Sport hätte ich lieber mehr Leichtathletik und Turnen gehabt, in Kunst lieber mehr Basteln und Werken. Anstatt mit Wasserfarbe auf Zeichenblock hätte ich auch gerne mal mit Acryl auf Leinwand gemalt, gerne mal auch etwas über Kunstgeschichte gehört etc.

Ein Traumschulsystem stelle ich mir so vor. Die ersten beiden Stunden eines jeweiligen Wochentags beginnen mit 2 Pflichtstunden, beispielsweise mit Grundrechenarten der Mathematik, Bruchrechnung, Prozentrechnung, Dreisatz oder mit Deutsch, Rechtschreibung, Grammatik, Inhaltsangabe, Interpretation etc. oder Politik, Aktuelles, Drittes Reich etc., eben all solche Themen, die im Alltagsgeschehen, in der Förderung des Denkens, des ethischen Handelns usw. nutzbringend sind. In den jeweiligen Stunden 3 bis 5 werden dann die Fächer unterrichtet, die auf eine spätere Entwicklung der Schüler gerichtet sind, eben all das, was man noch nicht im Hier und Jetzt benötigt. Naturwissenschaften, Geowissenschaften, vertiefende Gesellschaftswissenschaften, vertiefendes Deutsch, vertiefende Mathematik, Sprachen, Religion etc.

Diese Fächer erscheinen aber nicht nach einem Lehrplan, sondern nach Wahlmöglichkeiten. In Stunde 3 findet beispielsweise Erdkunde statt und hier kann der Schüler entscheiden, welches Thema er besucht, denn zeitgleich wird dieses Fach von vier verschiedenen Lehrern in vier verschiedenen Räumen besprochen. Die Themenauswahl kann er ja schon vorher getroffen haben, vielleicht wurden diese Themen ja schon ein paar Wochen vorher von den Lehrern kurz vorgestellt und beworben. Prüfungsmöglichkeiten gebe es dennoch, dann eben in einem Gemisch aus Pflicht- und Wahlpflichtveranstaltung.

Im Prinzip würden sich die Abläufe am Montag, Dienstag, Donnerstag und Freitag ähneln. Der Mittwoch hingegen bietet sich an für musisches, künstlerisch-kreatives, sportliches, Spaziergänge, Ausflüge, und einer Vielzahl an sonstigen Möglichkeiten aus dem Hobbybereich, aber auch Projekte, die die Wahrnehmung fördern, die Kommunikation etc.

Ich denke mir nicht, dass jeder Mensch das gleiche wissen muss, wie der andere, in einem bestimmten Basiswissen ja, aber nicht in den Aber-Milliarden Details unserer Erde. Denn genau das macht es ja in späterem Austausch so spannend, Themen zu entdecken, die man in der Schulzeit möglicherweise dann nicht belegt hatte.

Die Idee des obengenannten Schulsystems ist allerdings nur als eine vorübergehende Alternative zu verstehen. Grundsätzlich wünsche ich mir noch mehr Freiheiten für musische, künstlerisch-kreative und sportliche Entwicklungsmöglichkeiten.

Was ich mich auch immer gefragt habe ist, warum Denken als eigenständiges Fach bisher keinen Zugang in das Schulsystem gefunden hat. Sicherlich lässt sich das formale und analytische Denken über die verschiedenen Fächer in den jeweiligen Methoden wieder entdecken, aber oft fehlen meines Erachtens die Anleitungen dafür. Wie gehe ich z.B. vor, wenn ich einen Sachverhalt aus verschiedenen Perspektiven beleuchten möchte?

Wie gehe ich vor, wenn ich Ergebnisse aus zwei zuvor gegenübergestellten Sachverhalten ziehen möchte? Wie schaffe ich überhaupt Bezugnahmen zwischen zwei Sachverhalten? Aus welchen Quellen kann ich noch schöpfen? Ist der Intertext die einzige Quelle, aus der ich schöpfen kann oder kann ich auch aus Beobachtungen, aus Erfahrungen, aus Träumen schöpfen? Es gibt eine Vielzahl an Möglichkeiten und Anleitungen, wie meines Erachtens das selbstständige Denken noch gefördert werden kann. Meines Erachtens kommt auch das logische und produktive Denken im Schulsystem zu kurz. Was das letztere angeht, haben großartige Denker schon erstaunliche Theorien und Methoden hervorgebracht. Ich möchte an dieser Stelle auf den Denkpsychologen Otto Selz verweisen, aber auch auf die bereits im semiotischen Interview genannten Denker Charles Sanders Peirce und Umberto Eco. Auch der von diesen beiden besprochene Begriff der „Abduktion" erscheint sehr vielversprechend.

In Interview 5 hatte ich ja den „Ellesabismus" als eine „Schafft!" bezeichnet, in diesem Sinne soll nicht nur Wissen entdeckt werden, sondern als eine Idee geschaffen werden. Demzufolge auch produktiv, aber auch intuitiv den Prinzipien der 2 zu 1 Relationsformel folgend. Was ist das Naheliegende? Was sagt das Herzgefühl? Wie kann ich beides auf Erkenntnis bringende Weise verschmelzen?

Dies brachte mich auf zwei Ideen der Verbrechensermittlung. Die erste Idee schafft eine Bezugnahme zum Gesetz der Anziehung oder besser gesagt zu dem Netz von dem ich in Interview 8 gesprochen habe. Wenn wir alle und alle Informationen auf diesem imaginären Netz miteinander verbunden sind, dann könnte man über dieses Netz auch die Informationen zu einem Verbrechen bekommen, die man zur Auflösung des Falles benötigt. Du stellst also eine Frage zu einem Verbrechen und wartest, bis dir über das Gesetz der Anziehung ein Hinweis in deinen Bewusstseinskanal übermittelt wird. Ich bin mir sicher, dass du diesen, wenn du im Herzgefühl drin bist, auch bekommst, allerdings hat die Sache einen Haken. Da es um ein Verbrechen geht, wäre die Energieeinheit eher dunkel, die zurückkommt, daher rate ich dies nicht auszuprobieren. Ich rate zur zweiten Idee. Diese geht davon aus, dass die Lösung intuitiv in dir selbst bereits gespeichert ist. Du musst sie nur noch entdecken und meine Idee geht davon aus, dass dies durch Kombination aus deinem eigenen Wissen, deinen Erfahrungen, deinem Erlebten möglich wird. Jedoch diesmal auf eine andere sehr abstrus erscheinende Weise. Es ist eine Art Bilderkette, die hintereinander Bilder mit Bilder in Bezug setzt und dich schließlich zur Lösung führt. Ich möchte dies an einem Beispiel veranschaulichen. Ein Gastgeber gibt eine Party auf der 200 Gäste erscheinen, es kommen geladene Gäste und auch solche, die durch die geladenen Gäste mitgebracht worden sind.

Am Ende der Party stellt der Gastgeber fest, dass jemand ihm seinen Laptop gestohlen hat. Jetzt ist es so, dass nur noch der Gastgeber und du als sein Freund anwesend seid. Der Gastgeber hat kaum was von der Party mitbekommen, weil er viel mit der Bewirtung zu tun hatte. Es gibt weder eine Liste auf der alle Gäste verzeichnet sind, keine Kameras in den Räumlichkeiten und es ist auch nicht möglich im Nachhinein die geladenen Gäste zu einem Verbrechen zu befragen. Wie kannst du herausfinden, wer den Laptop gestohlen hat?

Du würdest jetzt vielleicht mit der Stelle anfangen, wo sich der Laptop zuletzt befand, doch versuche mal etwas anderes. Versuche bei dem Bild anzufangen, das dir zuerst durch den Kopf geht. Dies ist ein Blaubeersaft, weil du als du auf die Party gekommen bist einen Blaubeersaft getrunken hast. Und hier beginnt die Kette. Was kommt dir in Bezug zu Blaubeersaft als erstes in den Sinn? Du denkst an einen Blaubeermilchshake, den du 1984 auf der Insel Sylt zu Zeiten der Olympischen Spiele getrunken hast. Du hast neulich eine Dokumentation über die Olympischen Spiele bei den Alten Griechen gesehen. In der Straße, wo deine Freundin E. wohnt, hast du mit ihr mal 1994 anlässlich ihres Geburtstags im Januar in einem griechischen Restaurant gegessen. Dort hat sie dir von ihrem befreundeten Nachbarn erzählt, von dem sie das Gefühl hatte, er hätte sie neulich beklaut. Könnte es sein, dass dieser Nachbar von E., nach über 20 Jahren, wo du zuletzt von ihm gehört hast, zufällig auf dieser Party war und den Laptop gestohlen hat? Du könntest ja weiter die Bilder in deinem Kopf erscheinen lassen. Jetzt siehst du den ehemaligen Hausflur von E. und dem Nachbarn. Und jetzt siehst du eine Frau, die dir erzählt, dass sie neulich beim Hausflur putzen, ausgerutscht ist und sich den Arm verstaucht hat. Du hast dich mit dieser Frau neulich auf dem Flohmarkt unterhalten. Neben ihrem Verkaufsstand befand sich ein Verkaufsstand mit gebrauchten Laptops... Ach der Trödelmarkt findet in zwei Tagen wieder statt...

Wer weiß, was sich an meiner Idee tatsächlich verifiziert, aber manchmal ist schon sehr erstaunlich, wie viel wir schon vorher wissen, noch lange bevor wir es gedacht haben, bzw. bevor es sich bewahrheitet.

VERBROCHEN SEELEN

LEEREN VERSCHOBEN

LEERE VON SCHERBEN

VERBRECHEN LOESEN

LEBE SCHOENER NERV

CHOERE LEBENSNERV

Nun das vorausgehende Anagramm bezieht sich auf einen anderen Aspekt. Es befasst sich nicht damit, wie man ein Verbrechen aufklärt, sondern rät dazu, es gar nicht erst zu begehen.

RECHTSWISSENSCHAFTEN

SCSCS FESTN WAHRHEITEN → FESTEN

ES SENF, NACHTS ERWISCHT

SENFS STICH WERTSACHEN

SNCF IST HASCHEN WERTES

SCHWER IST SENF TASCHEN

ES IST FESCH SWATCH RENN → FESCH (hübsch)

ACH IST SCHWERSTEN SENF

„Eigentlich ist es sehr schade, dass wir Rechtswissenschaften oder Politik benötigen, damit das geregelt wird, was nicht funktioniert."

„Eigentlich können wir sehr glücklich sein, dass es Rechtswissenschaften oder Politik gibt, damit das geregelt wird, was nicht funktioniert."

„Gut, dass der Staat uns in vielerlei Hinsicht vor uns selbst schützt."

„Schade, dass wir vom Staat in vielerlei Hinsicht vor uns selbst geschützt werden müssen."

Die jeweiligen oben beschriebenen Meinungen scheinen sich zunächst zu unterscheiden und dennoch und dies ist meine Meinung verifizieren sich beide Meinungen, eben nur aus unterschiedlichen Perspektiven. Im Hier und Jetzt können wir natürlich froh sein, dass wir in einer Demokratie leben, dass es vieles gibt, dass der Staat beschließt, z.B. in Hinsicht auf soziale Absicherungen, Gesundheitsreformen etc., das uns gut tut, das dafür sorgt, dass es uns materiell besser geht als Menschen in anderen Ländern. Aus einer anderen Perspektive betrachtet, in

Bezugnahme zu dem, wie sich der Mensch entwickelt hat, ist es dann allerdings umgedreht doch schade, dass wir darauf angewiesen sind.

Beim Vier-Farben-Satz sind ja durch den Bruch der Flächen Grenzen entstanden. Und dies ist geographisch, aber auch ideologisch auf der Erde passiert. Menschen haben Landstriche für sich in Anspruch genommen oder durch Kämpfe bereits in Anspruch genommene, erobert.

Ich hatte etwas Ähnliches bereits in Interview 10 als Idee der Ausgangsgeschichte von Adam und Eva auf Erden geschildert. Durch bestimmtes Fehlverhalten entstand aus der jeweiligen positiv-optimistischen eine negativ-pessimistische zweite Bedeutungskonstitution. Für letztere mussten neue Lösungen geschaffen werden. Dadurch entstanden weitere Bedeutungskonstitutionen. Einige davon erster Natur, andere zweiter. Dadurch ist ein Geflecht entstanden, in dem eben Bedeutungskonstitutionen sind, die man, weil sie nicht bekömmlich sind, wieder loswerden möchte. Jetzt gibt es zwei Möglichkeiten darauf zu reagieren, mit einer positiven oder einer negativen. Im Interview zum Gesetz der Anziehung hatte ich gesagt, dass Gleiches, Gleiches anzieht. Der Dialog schafft so z.B. den Dialog. Also wie reagiere ich auf etwas, wenn letzteres zutrifft. Wenn ich keinen Krieg möchte, reagiere ich dann mit Friedensverhandlungen oder mit dem Einsatz von Truppen? Wenn ich keinen Streit möchte, reagiere ich dann mit einem Wutausbruch oder versuche ich Unstimmigkeiten zu klären?

Ich komme also zurück auf das Thema Staat. Was ist er wirklich? Meines Erachtens ist der Staat weder die Regierung, noch sind es Einzelpersonen, der Staat hat auch nichts mit der Gesellschaft zu tun, meines Erachtens ist der Staat das Geflecht, das sich aus hunderten von Jahren geformt hat, dessen man sich im Alltagsgeschehen gar nicht mehr bewusst ist. Eine immaterielle Größe, die sich aus Traditionen, Geschichte, Kulturen, Denkweisen,

Gesetzen, Normen, Klassifizierungen und so weiter und so weiter ergibt. Und hier steckt meines Erachtens der Wurm drin. Wenn es darum geht etwas positiv zu verändern, dann funktioniert es meines Erachtens darin, die positive Bedeutungskonstitution zu fördern und die negative aufzulösen. Dies interdisziplinär, im Handlungsgeschehen, im Alltagsgeschehen, in Institutionen, bei sich selbst etc.

Tatsächlich bietet die Erde Platz für ein friedliches, freundliches, harmonisches, künstlerisch-kreatives, musisches, gütiges, liebevolles, teilendes usw. Miteinander aller Menschen inklusive Wohlstand für alle. Die Vorstellung klingt äußerst utopisch, der Weg zurück und damit ist das Abbauen zahlreicher Bedeutungskonstitution gemeint, erscheint mir aber tatsächlich der Weg in die richtige Richtung.

Ich habe noch ein paar Anagramme mit politischem, gesellschaftlichen oder wirtschaftlichen Bezug mitgebracht.

ROT KAM IDEE   → ROT (linksorientiert)

DEMOKRATIE

DA ROTE KEIM

IM OKTAEDER

MODE KARTEI

RAD KOMITEE

MODI RAKETE

ATOM KREIDE

EI AKTE MORD

RAD MIETE OK

MIKADO TEER

MADE EROTIK

KID TRAUT	→ KID (Kind)
DIT KRAUT	→ DIT (niederl. – diese)
I TUT DARK	→ I (Ich, Ego), DARK (dunkel, finster)
IT DUR AKT	→ IT (es), DUR (hart), AKT (Handlung)

DIKTATUR

REGIERUNG

| GEIER GUN R | → GUN (Waffe, Gewehr, Pistole) |

NUR GEIER G

H REICH ARIEN

REICHER HAI

HIERARCHIE

ACH IHR EIER

IHR EI RACHE

LEGST FALSCHE

GESELLSCHAFT

| ALS GEFLECHTS | → Strukturen, Hierarchien... |

UNTERTANEN

| TUN TRAENEN | → wegen Unterdrückung |

RANNTEN TUE	→ arbeiten für ihre Unterdrücker
NEU NATTERN	
REN UNTATEN	
NUN TAETERN	
TRETEN NANU	
TATEN URNEN	
UNTEN RATEN	
U ENTTARNEN	
NENN TRAUTE	
NENNER TAUT	
TUER ANTENN	
RUT ANTENNE	
WAISE STARS TIPS	→ WAISE (weise), STARS (Sterne)
EI WAS STRASS TIP	→ STRASS (Milchstrasse?)
SWI STAATS PREIS	→ SWI (zwie)
WIR STAATS PISSE	
WAS IST PASSIERT?	
SEPARATIST WISS	→ SEPARATISCH (von Mehrheit absondernd), WISS (wisse, weiß)
SPASS WIE ARTIST	→ ARTIST (Künstler)
DA HAI LENKTEN	→ Metapher Börsenhai

AKTIENHANDEL

DA NAEHT KLEIN → da es nur um Geld geht

ANTIHELD AKNE → kaum Mut

HAKEND ANTEIL → ANTEIL (Aktienanteil)

EK ANTEIL HAND

KALTE HAI N END

LANDE AN ETHIK

DANKE AN THIEL → ;-)

AKT ANLEIHEND

BANK VERSICHERUNG

GUS KAIN VERBRECH'N → GUSS (Verfahren, Gießen)

KG IN NERV SCHRAUBE

BRACH KURVE SINGEN

ICHS KURVEN BERGAN → KURVEN (Börse)

NARBIGE SCH KURVEN

KG VIRUS ABRECHNEN

V KARIS BERECHNUNG → KARIS (Karies)

ACKERN NERVIG BUSH

NERV SCHUB KRIEG AN

VERSUCH BANN KRIEG

BA NERVIG SCHURKEN

BRANCHE ENG KURSIV

V BRECH KNAUSRIGEN

BRECH VEN KNAUSRIG

AB SKI VERRECHNUNG

KURVE BRING ASCHEN

BASIK VERRECHNUNG → BASIK = BASIC (grundlegend)

HINGABE NERVS RUCK

BRAVES GUCKEN HIRN

GUCK EHR INS BRAVEN

ABGUCKEN VERS HIRN

BRAVE GUCKEN HIRNS

TRAEGER

ERTRAGE

AERGERT

PATENTE

TAPETEN

GELDAUFSTOCKUNG

KAUFGELD GUNST CO

UNO FLAGGE DUCKST

KG DU LOGS AUF CENT → LOG (Protokoll)

UNFUG SACKTE GOLD

AUSGUCK END FOLGT
_____

HEU ALTERNDE

ELE TREUHAND

DARLEHEN TUE

TRUHE LAEDEN

HEU ENDALTER

HAENDLER TUE

ULE ANDREHTE

LEUTE ANDREH

LADENHUETER

DUEN ERHALTE

TRUHE LAEDEN

DEALEN RUHTE   → DEAL (Geschäft, Handel)
_____

DER GLOBUS LIND   → LIND (mild, sanft)

SILBER UND GOLD

GOLDRUBEL SIND

UBEL LORDS DING

GIRL BESOLDUNG

UBEL SOG DIRNDL

GRUNDLOS BILDE

UNS GELD DIR LOB

BIS DU GROLLEND

DIEBS UND GROLL

DUELL SIND GROB

WIRTSCHAFTSURIN

WISCHT NUR TARIFS

RIS FACH STIRN WUT → RIS (Riss)

TUST FACH WIRRNIS

FRIST IN WUT CRASH → CRASH (Kurseinbruch)

TARIF RITT WUNSCH

WIRTSCHAFTSRUIN

NACH RITUS WIRFST

WARNT RITUS FISCH

WIRRS AUFSCHNITT

FACTS HUT WIRRNIS → FACTS (Fakten)

WIRR FUN STATISCH

FISCH STAUNT WIRR

SCHRIFTART WI SUN → WI (wie), SUN (Sonne)

DIR TROST BALL

ROLLT, DA STIRB

DOLLAR STIRBT.

BILLARD TROST	→ BILLARD (Billiard)

DR IST ORT BALL
RAFFGIER
IRR GAFFE
FRAG FREI

BAHNEI STRASSEN
SET RISS AN BAHNE
HASS NIE STARBEN
HASSER IST BANNE
NAHES BRISANTES
ANBEI NAH STRESS
SAH RENTENBASIS
EINBAHNSTRASSE
SEH AB SINNESART
EINS HABEN STARS
SEIN HABEN STARS

Diese Anagramme hören sich aber nicht so wohlgefallend an.

Ja, aber es ist ja so, dass vieles im Bereich Politik, Gesellschaft, Wirtschaft rückführbar auf dieses Geflecht ist. Interessant, dass im Anagramm des Wortes „Gesellschaft" das Wort „Geflecht" sogar erscheint. Im Prinzip kann man niemanden einzeln dafür ausmachen, sondern jeder inklusive all deiner Vorfahren trägt oder trug dazu bei, wie sich das Geflecht geformt hat. Vieles sieht man im Alltagsgeschehen als selbstverständlich und naturgegeben, doch das ist es nicht. Bestimmte öffentliche Verkehrsmittel unterscheiden immer noch nach 1. und 2. Klasse, wobei dieses nur eine kleine unbedeutende Symbolik im Alltagsgeschehen ist. Unterscheidungen zwischen Menschen lassen sich an vielerlei Orten entdecken und diese sind oft abseits von der Gleichheit, Freiheit, Brüderlichkeit.

Auch im Bereich „Wirtschaft" ist mir aufgefallen, dass sich hier doch einiges erheblich seit meiner Kindheit verändert hat. Der Einzelhandel existiert kaum noch, stattdessen gibt es monopolverdächtige Ketten in vielerlei Branchen sowie Outlet und Shopping Center. Für den Kleinsparer gibt kaum noch Zinsen auf Sparguthaben, wobei sich Lebenshaltungskosten und Lebensmittel erheblich teils um das Vielfache verteuert haben, wobei Arbeitslöhne im Verhältnis dazu weniger gestiegen sind. Andererseits gibt es auch vieles, das erheblich günstiger geworden ist, darunter fallen vor allem viele elektronische Geräte, wie Fernseher, Computer etc. und vielerlei Haushaltsartikel. Alles hat seine bestimmten Ursachen und Wirkungen. Im Alltagsgeschehen höre ich diesbezüglich häufiges Klagen. In meiner subjektiven Erinnerung meine ich, dass ein solches in den 70er und 80er Jahre kaum hörbar war, kann mich jedoch auch irren. Trotz des Klagens erscheint mir jedoch die Bereitschaft den Weg des Geflechts z.B. im Konsumverhalten mitzugehen, häufig groß. Es schwingen Fragen mit, wie: Wohin entwickeln wir uns? Und: Wohin möchten wir uns entwickeln?

Meines Erachtens könnte die 2 zu 1 Relationsformel auch Fragen im Bereich Politik, Gesellschaft und Wirtschaft beantworten. Mit der 2. Gleichung z.B. in der Weise: Welche Farbe / Idee wünschen wir uns? Welche Form existiert aktuell im Hier und Jetzt? Und schließlich: Wie kann ich die farbenbringende Idee mit der aktuellen Form verschmelzen, so dass eine harmonisierende Form herauskommt?

INTERVIEW 16: UNTERHALTUNG, LITERATUR, HUMOR

Hallo Leute, herzlich willkommen zur sechzehnten Ausgabe von Werhatdieidee – TV. Mein Name ist Silvio Tunnels und heute geht es um die Themen Unterhaltung, Literatur, Humor.

Hallo Silvio. Ein großer Bestandteil der Unterhaltung ist ja das Drama und eine Frage, die mich schon lange beschäftigt ist, ob es möglich ist in Unterhaltung und im Alltagsgeschehen auch ohne Drama auszukommen. Und mit Drama meine ich nicht nur die klassische Form im Unterhaltungssektor, sondern gänzlich das, was mit den Emotionen Wut, Trauer und Angst zu tun hat. Sagen wir mal über Nacht würde alles, was mit Drama zu tun habe, auf Erden verschwinden. Könnten wir uns wohl damit fühlen?

Die Beantwortung der Frage erscheint zunächst schwierig, denn insgeheim haben wir ja auch eine Begeisterung für das Drama. Wer schaut sich nicht gerne Krimis an oder weint, wenn Rose in Titanic Jack dem Ozean übergibt. Stell dir vor, all das wäre über Nacht verschwunden und es gäbe nur noch Dinge, die mit freudigen und liebevollen Emotionen zu tun haben. Dazu kommt ja, dass das Drama uns auch formt, gäbe es das Drama nicht könnten wir mitunter die positiv gefühlvollen Dinge des Lebens nicht genug wertschätzen. Vielleicht wäre ein Leben ohne Drama stinkelangweilig. Wie sehe unser Alltagsleben aus, wenn wir nur noch glücklich durch die Welt gingen?

Ich musste dabei an die ersten zehn Jahre meines Lebens denken und habe entdeckt, dass dieses weitgehend ohne Drama auskam. Ich bin in einem sehr harmonischen sozialem Umfeld aufgewachsen und kleine Katastrophen gab es selten. Einmal habe ich von einem Jungen auf dem Schulhof ein blaues Auge verpasst bekommen, einmal wurde ich von einer Biene in die Hand gestochen, einmal bin ich auf einer Baustelle herumgeklettert, abgerutscht und in eine Baugrube gefallen, wobei ich mich allerdings nur leicht verletzt habe und an einem Sonntag ist mein

Kindergarten abgebrannt, die Nachricht darüber hat mich sehr erschüttert. Und das waren im Prinzip die Dramen, die mich in den 70er Jahren betroffen haben. Weitere Dramen haben dann noch im Unterhaltungssektor stattgefunden. Irgendwie hatten vor allem die Struwwelpeter – Geschichten, das Märchen vom Wolf und den sieben Geißlein sowie bestimmte Folgen aus Freitagabendkrimis Angst einflößende Wirkung auf mich. Insgesamt gab es also sehr wenig Dramen in den 70er Jahren, dennoch war mir nie langweilig und unglücklich war ich auch nicht. Wenn ich zehn Jahre weit gehend ohne Drama auskomme, warum dann nicht auch mein ganzes Leben? Die Antwort ist darin zu entdecken, dass ja nicht nur das Drama die einzige Form ist, die dir im Leben Erfüllung gibt, es gibt zahllos viele andere Formen, die nicht Dramen behaftet sind und die dich dennoch unterhalten, inspirieren, motivieren usw. Es gibt Kunst, Musik, Sport, Tanz, Theater, Spiele, Familie, Freundschaften, Natur und so weiter und so weiter. Auf die Vielfalt an Möglichkeiten, die im Freizeitsektor erscheinen können, komme ich noch in Interview 17 zu sprechen. Letztlich komme ich, was die ausgehende Frage angeht für mich auf die Antwort, dass ich im Alltagsgeschehen sehr gut auf Dramen verzichten könnte. Wenn mir dies dafür geschenkt wird, dann verzichte ich auch gerne auf die Dramen im Unterhaltungssektor. Selbst da gibt es ja unterschiedliche Varianten. Kleinere Dramen, die so manche Kullerträne aus dir pressen, müssen ja nicht unbedingt belastend für dein Alltagsleben sein, aber Bilder aus Horror und Gewaltunterhaltung schleppst du einfach dein ganzes Leben mit dir mit. Diese können sich in Träumen verifizieren, aber auch in der Art, dass du bestimmte Muster unbewusst in dein Alltagsgeschehen übernimmst.

Der Verzicht auf schwere Dramen oder Horror bedeutet ja nicht, dass dadurch Unterhaltung weniger spannend ist. Ich denke da an zahllose Kindersendungen, in denen zwar auch manchmal ein Hauch von Drama steckt, das aber auf liebliche Weise gelöst wird. Hier Beispiele die mich fasziniert haben: Doktor Snuggles,

Pinocchio, Biene Maya, Pippi Langstrumpf, Die Märchenbraut, Der Fliegende Ferdinand, Sesamstraße, Die Muppets, Die Fraggles, Walt Disney, Tim & Struppi, Augsburger Puppenkiste, Plumpaquatsch, Hase Cäsar, Luzie der Schrecken der Straße, Lemmi und die Schmöker, Alice im Wunderland, Robbi, Tobbi und das Fliewatüüt, Flipper und vieles mehr. Aber auch Unterhaltungsshows, Musiksendungen, Dokumentationen, Quizsendungen. Es gibt so viel, was spannend sein kann und dennoch weitgehend dramafrei ist. Was Kindersendungen angeht, muss ich sagen, dass auch diese im Erwachsenenalter die Faszination nicht verlieren. Was die Literatur angeht, geht es weiter, auch hier gibt es Felder, die recht dramenlos erscheinen oder nur minimal dramenhaft sind, ob das Comics sind, Abenteuerromane, manche Science Fictions, Liebesromane. Spannung ohne Drama gibt es, mehr als wir zunächst denken, wenn wir die Frage gestellt bekommen.

Ich könnte mir vorstellen, dass viele Menschen denken, dass die Welt dann langweilig wäre, wenn wir nur noch in der positiv optimistischen Bedeutungskonstitution leben würden. Meines Erachtens wäre eine solche aber alles andere als langweilig, meines Erachtens würden sich gerade in dieser noch ungeahnte Möglichkeiten offerieren, die uns mit Begeisterung erfüllen.

Doch nun ein paar Anagramme.

IMAGE EI ZU RABE → IMAGE (Bild)

REIZ AM AUGE BEI

MARIE; EI ZUGABE

ZAUBEREI MAGIE

SCHRIFT

FRISCHT

KATZENHEIM ZECE	→ ZECE (rumänisch – zehn)
MIEZEKAETZCHEN	
CAT EKZEM IN ZEHE	→ CAT (Katze)
ZIEMT ECKZAEHNE	→ ZIEMT (sich gehören, sich anpassen)
ZEIT ECKE ZAHMEN	

RUFEN WINDEND

WIND UND FERNE

WURF IN ENDEND

DENN DEIN WURF

WUND FERN NEID

DR WEINEN FUND

DEN WIND RUFEN

DRIN FEEN WUND

WUNDER FINDEN

FEIND WUNDERN

FETTE NARREN AG

FERNE TRAT NAGE

FRAETEN GARTEN	→ FRAETEN (fressen)

FERN NAGE RATTE

ANFANG ERRETTE

FAENGER RATTEN

NA FANG RETTERE

AN GARTEN TREFE → TREFE (treffe, betreffe)

GETANER TRAFEN → (z.B. nach getaner Arbeit)

AERGERN NA FETT

ETAT RANG FERNE → ETAT (Voranschlag, Finanzen)

ERNTETE AN GRAF

TAGE FERN RATEN

TEENAGERN TRAF

RATTENFAENGER

AG AFTER TRENNE → AG (Gemeinschaft), AFTER (danach)

TAETERN FRAGEN

A GETARNT FERNE

TANTE ERFRAGEN

FRAGTE TRAENEN

Ich finde immer wieder spannend, dass bestimmte Anagramme sehr viele Bezugnahmen schaffen. Wir hatten ja schon sehr viele sehr verblüffende Anagramme, doch selbst bei kurzen Anagrammen, die vom Anagrammcode zunächst nicht viel herzugeben erscheinen, wie im Beispiel des Rattenfängers, erscheinen doch ziemlich viele Aussagen, die auch zu der Legende passen, dass der Etat in Ferne rang, was ich dahin gehend interpretiere, weil der Rattenfänger für seine Arbeit nicht bezahlt wurde. Es erscheinen Worte wie Garten, Ernte, das Nagen, Teenager, Tränen, all solche, die tatsächlich mit der Geschichte zu tun haben oder passend sind. Ratten haben durch das Nagen die Ernten im Garten zerstört, durch das Verschwinden der Teenager kam es zu Tränen, etc. All dies obwohl die Ausgangsbasis nur aus dem Wort „Rattenfänger" besteht. Diese Basis besteht aus den Buchstaben „AAEEEFGNNRRTT". Es kommen nur sieben verschiedene Buchstaben im Code vor und dennoch lassen sich dadurch Worte bilden, die sich sehr stark in Bezug zur Geschichte setzen lassen. Wir hatten ja auch schon einige Geschichten in Anagramme, dessen Ausgangsbasis auch dann erkennbar wäre, wenn wir sie weglassen würden. Schon erstaunlich.

Y RUCK KLEIST

Y RECKT KULIS → KULIS (Kugelschreiber)

KULY STICKER

STUECK LYRIK

LUCKY STRIKE → Glückstreffer

ICH EINEHE HIRN

HEINRICH HEINE

IHN IN EHE REICH

METAPHERN

ATEM NERPH → NERPH (Nerv)

DER BRUMMIGER

DUMM IRRGEBER

BRUEDER GRIMM

FROSCHKOENIG

SO FRECH KONIG

SO FROH GENICK

ASCHENPUTTEL

PUT SCHAELTEN → PUT (setzen, stellen, legen, platzieren...)

TUE SPACHTELN

STACHELN PUTE

ACHTENS PULTE

CASTLE HUPTEN → CASTLE (Schloss)

EPEN TUTS LACH → EPEN (Plural von Epos)

NACH SPUELTET

TUTS PECH ELAN

PLANET SUCHET

PLATTE SUCHEN

Die Brüder Grimm kommen aber nicht gut weg im Anagramm.

Ich denke mir, dass der Bezug eher auf die Inhalte ihrer gesammelten Märchen abzielt. Einige sind wirklich brutal. Wenn ich z.B. an das Märchen der Gänsemagd denke, selten wird sich mit den jeweiligen Bösewichten versöhnt, stattdessen erscheinen für die Bösewichte manchmal ziemlich brutale Enden.

Dennoch sagtest du in Interview 7, dass sich in jeglichem Text Botschaften entdecken lassen.

Ich denke schon, dass das zutrifft, wir sehen das ja hier auch in den Anagrammen, allerdings musst du nach der ersten positiven Bedeutungskonstitution suchen. In den Märchen erscheinen ja auch durchaus fröhliche oder knuffige Metaphern, wie das Lebkuchenhaus bei Hänsel und Gretel, die Romantik bei Aschenputtel, Schneewittchen, Dornröschen und anderes, nur leider eben auch sehr düstere Metaphern.

Wir sprachen schon über weltliche Botschaften in „Alice im Wunderland" und „Alice hinter den Spiegeln".

Ja, meines Erachtens haben beide Werke eine sehr starke Metaphorik, die sich nicht nur aus irdischer Perspektive interpretieren ließe. Im Roman „Bodos fantastische Welt" sprach ich schon davon. Die Teegesellschaft ließe sich mit den zwei Bedeutungskonstitutionen in Verbindung setzen. Das Kaninchenloch – ein Wurmloch, der Wechsel zwischen zwei Welten? Der Jabberwocky als Aufforderung besiege deine Ängste. Das Wunderland generell als Verweis darauf, dass es andere Gesetzmäßigkeiten geben kann. Größenveränderungen von Alice als Wechsel zwischen Mikro – und Makrokosmos. Ich hatte mal einen Traum, in dem ich geträumt habe, dass ich je weiter ich mich von der Erde entferne, umso größer werde. Vielleicht ist ja etwas Wahres dran. Man könnte auch das Buch „das Universum in der Nussschale" von Stephen Hawkins in Bezug dazu setzen. Ohne dass ich das Buch kannte, hatte ich 2001 in Bodos fantastische Welt auch von einem Kugelkosmos gesprochen, der von der weltlichen Seite aus betrachtet, kleiner erscheint, als aus unserer Perspektive. Generell ist ja auch faszinierend, dass Gott zugleich einen Mikro und einen Makrokosmos erschaffen hat. Aber ich möchte in dieser Richtung nicht allzu viel Spekulieren, letztlich kann ich es im Hier und Jetzt nicht wissen. In den Alice Büchern ließen sich noch eine Reihe an Metaphern entdecken. Warum gibt es hier Zwillinge? Es gibt gerade im Bereich der Zwillingsforschung potentiell noch viel zu entdecken? Der Spiegel – als Weg zur Selbstreflexion? Ass – Karten kommen bei Alice vor und Ass steht für Einheit. Ebenso erscheint bei Alice eine fantastische Schachmetaphorik. Nun ja, was man vielleicht kritisieren könnte, wäre, dass die Herzkönigin oft die Köpfe der Bewohner – naja, aber vielleicht ist mit dieser Metaphorik etwas anderes gemeint, vielleicht heißt es, weniger nach dem Geist, sondern mehr nach dem Herz zu handeln. Und dann lässt sich der Titel „Alice in wonderland" mit wenig Transformationen in „All is ein wonderland" abwandeln.

Generell denke ich, dass wir mit unserem Wissen, womöglich gerade erst am Anfang stehen. Anbetracht der Dinge, die schon entdeckt und erfunden wurde, ist es im Hier und Jetzt zwar kaum vorstellbar, was da noch an Möglichkeiten auf uns zukommen kann, aber ich denke mir es ist weitaus mehr als unsere Vorstellungskraft im Hier und Jetzt zu denken vermag. Das zeigt ja allein die Vielfalt, die ich schon angesprochen hatte in Flora und Fauna. Und dennoch hoffe ich, dass trotz der neuen Möglichkeiten, wir einen Weg in die erste Bedeutungskonstitution finden.

Welche Möglichkeiten könnten, dass sein, die wir noch nicht denken können?

Nun, vielleicht sind es Begabungen, die wir entwickeln werden. Natürlich nicht von heute auf morgen, denn alles hat auch seinen weltlichen Plan, aber so absurd wäre es nicht, dass auch der Mensch imstande ist, die Begabungen zu entwickeln, wie er sie in der Fiktion Superhelden zuschreibt. Das kann natürlich noch Jahrhunderte oder Jahrtausende dauern, aber es ist vorstellbar. Bisher hat sich gezeigt, dass vieles, was vorstellbar in Erfindungen war, sich auch verifiziert hat. Hoffentlich in der Zukunft in einer positiven Bedeutungskonstitution.

Ich hatte schon oft Träume, in denen ich schweben, fliegen oder sehr weit springen konnte, vielleicht ist eine solche Fähigkeit ja in unserer DNS, nur eben noch nicht aktiviert. Ich hoffe natürlich, dass wenn sie aktiviert wird, dann auf natürlichem Weg und nicht durch Experimente. Es ist auch jede Sinneserweiterung vorstellbar, aber wie gesagt, meinetwegen muss das nicht im Hier und Jetzt passieren. Auf der anderen Seite sollte man schließlich auch zufrieden und genügsam mit dem sein, was man hat.

Ich glaube, dass in uns sehr viel steckt, was wir nicht wissen, In „Bodos fantastische Welt" hatte ich die Idee, dass Kauderwelsch die Weltsprache oder Ursprache sei. Von 1998 bis 2000 hatte ich zwei Jahre Schauspielunterricht. Bestimmte Übungen hatten mit Kauderwelsch zu tun. Mir ist aufgefallen, dass wenn man Kauderwelsch spricht, sehr eigenartige Silben hervorbringt, manchmal sind auch Worte aus anderen Sprachen zu verstehen. Wer weiß, vielleicht stimmt meine Hypothese ja, dass wenn wir Kauderwelsch sprechen wir unser Urwissen über eine Ursprache aktivieren. Doch jetzt erst einmal ein paar Anagramme aus den Bereichen Sprichworte, Redewendungen und Humor.

DACH SPRUECHE SET

DACH ECHTES SPREU → SPREU (Hülsen)

DACH EUCH PRESSTE

DACH SUCHTE SPEER → SPEER (Waffe)

DES SCHAUERT PECH

RACHE DUSCHE PEST

CD HERSCHAUE PEST

SCHACH PUSTE ERDE

ACHSE ERDE PUTSCH

ACHTES DU C-HERPES

DACH ECHT PREUSSE

ES DEEP RACHSUCHT	→ DEEP (tief)
ECHT SUPER SCHADE	
SCHADET SPRUECHE	
DEUTSCHE SPRACHE	
HASCHEST CPU ERDE	→ HASCHEN (ergreifen), CPU (Prozessor)
SPACES DREHE TUCH	→ SPACE (Weltraum)
PC DREHST CHAUSEE	→ CHAUSEE (Chaussee – Landstraße)
PC AETSCH DU SEHER	
SEHER TUE PCS DACH	
SUCHT D S EHE P CARE	→ SUCHT (suchen), CARE (Sorgfalt)
DU ACHTES SPRECHE	

DICHTUNG LESUNGEN	
LUGS NUN GEDICHTEN	
NEIN GUT DSCHUNGEL	
GINGE SCHULDEN TUN	
DUNST GLEICHUNGEN	
ENGTEN UNSCHULDIG	
GLEICHEN STUNDUNG	
DICHTUNG LESUNGEN	
SUCHEND TILGUNGEN	→ TILGUNGEN (z.B. Schulden tilgen)

SUCH DINGEN GLUTEN	→ GLUT (noch glühende Masse)
TILGUNG DUSCHEN	→ reinigen, begleichen
GLICHEN UND GUTENS	
LICHTUNGEN GESUND	
SUCH END TILGUNGEN	
ENTSCHULDIGUNGEN	

HAEHNCHENS GEISTES

EINST SEHEN GESCHAH

SEIN GESCHAH THESEN

STEG SACHE HINSEHEN

HASSE NICHT GESEHEN

HEISSEST NACHGEHEN

Interessant finde ich auch, wie schnell sich manchmal, insbesondere unter den Jugendlichen bestimmte Redewendungen oder Modewörter verbreiten. „Hasse nicht gesehen" war ja zu Beginn der 2000er Jahre sehr populär, momentan höre ich sehr oft auch das Wort „wobei" oder „quasi". Manchmal mag die Verbreitung mit den Medien in Verbindung stehen, aber das Phänomen gab es auch schon, als noch nicht so viel Fernsehen und Internet konsumiert wurde. Irgendjemand beginnt damit ein bestimmtes Wort oder eine bestimmte Redewendung sehr häufig in den Mund zu nehmen und manchmal steckt er weitere an, die weitere anstecken, so dass sich die Worte sehr stark verbreiten. In den 80er Jahren waren „cool", „geil", „ätzend" sehr verbreitet, in den 90er Jahren war alles „mega" oder „turbo" und vieles mehr.

SO GUT HOLZ; DR

ZOG LORDS HUT

STROH ZU GOLD

A DA WAS MIT MASSENWAHN

WAS DATA AM WAHN SIMSEN → DATA (Daten)

WAS WANN AMT ASS DAHEIM → ASS (Einheit), Zuhause ist es am schönsten

DA WEISS MAN WAS MAN HAT

EI LIES ASTABILE DNS

EIL BASISDATEN LEIS

IST BALLADE, SEI EINS

SEI IN SEITE ALSBALD

EI DIESES STIL BANAL

DABEI SEIN IST ALLES

CD HUETENDE SEPP

CD SPENDETE HUPE

CD DES HEUTE NEPP → NEPP (Ausbeutung, Abzocke)

CD TUEND EHE SEPP

DEUTSCHE DEPPEN

DU STEP PECH ENDE → STEP (Schritt)

SUCH DEPP TEE END

HE SEPP; TUE END CD

MANCH ART HUMOR

AM NARR HOCHMUT

ACH TON RUHMARM

MACHART UM HORN

NACH TUMOR RAHM

RAHM AN CHOR MUT

MACH NARR; OH MUT

NACH RUHM AM TOR

M MACH HURRA TON

HUMOR CHARMANT

LIEBESPAARS NESTES	
SEES ARBEITSPLANES	→ SEES (sehe, sieh)
BESSER SPAET ALS NIE	
PASSABLE INTERESSE	→ PASSABLE (annehmbar)
SEIN STAPELBAR SEES	
SEINES ERBES PALAST	
DA SEELENGUT GLUT	→ GLUT (Leidenschaft)
ENDE GUT ALLES GUT	
DA ENGELS LEUT GUT	

Micha, zu Beginn dieser Sendung ging es um die Frage, ob ein Leben ohne Drama vorstellbar ist? Woher kommt im Unterhaltungssektor die Faszination für das Drama, was meinst du?

Ich denke mir, dass es eine Mischung aus verschiedenen Kriterien ist. Neben dem unterhaltenden und spannend mitfiebernden Kriterium, ist es darüber hinaus womöglich auch eine unbewusste Suche das eigene Leben und die Geschehnisse in der Welt zu verstehen. Du tauchst ein in diese Film-, Fernseh- oder Literaturwelt, entdeckst zugleich aber auch Parallelen zu dem, was in deiner Realität passiert. Es ist eine Suche nach Informationen, so wie es auch bei den Nachrichten der Fall ist. Obwohl dich bestimmte Ereignisse in den Nachrichten schockieren, schaust du sie dir trotzdem an. Obwohl bestimmte Bilder und Informationen deine Seele mitunter verletzen, ist der Drang deines Geistes oft stärker, wenn es darum geht, verstehen oder wissen zu wollen, inwieweit dich die jeweiligen Meldungen in deinem weiteren Leben beeinflussen werden, ohne dass es dir bewusst wird. Unterschwellig beeinflusst dich jedes Bild, ob visuell oder akustisch. Und so wird jeder Film, jede Nachricht zu einer Portion deiner Persönlichkeit, die individuell verschieden mit der jeweiligen Portion umgeht.

In den Anagrammen sehen wir oft, dass das Ereignis im Wort vor dem Ereignis dagewesen sein muss, diese Diskussion wird schon lange auch in Bezug auf das Bild geführt. Ob es die Zeichnungen von Da Vinci sind, Jules Verne Romane, Tin Tin auf dem Mond oder anderes, vieles erscheint in künstlerisch-kreativem schon vor der Erfindung oder vor dem Ereignis. So haben sich schon welche mit der Frage befasst, ob Bilder in den künstlerisch-kreativen Medien die schon vorher Hinweise auf die Ereignisse des 11. Septembers gaben, Prophezeiungen waren. Es gibt tatsächlich eine Fülle von Bildsequenzen aus Film und Zeichentrick, die als solche Prophezeiungen gedeutet werden könnten und kurioserweise ist ja auch die US-amerikanische Notrufnummer 911. Anderseits waren die Zwillingstürme ein starkes Wahrzeichen, das natürlich in vielerlei Hinsicht in Medien interpretiert wurde, daher auch in den verschiedensten Varianten. Deshalb wäre die Frage interessant, ob auch kleinere tatsächliche Ereignisse, die sich manchmal später verifizieren in den künstlerisch-kreativen im vorab erscheinen. In der TV-Serie „24" gab es z.B. vorab einen afroamerikanischen Präsidenten, später auch eine Präsidentin…, zumindest gibt es aktuell eine Präsidentenkandidatin. Da ich mit meinen eigenen kreativen Projekten natürlich am besten vertraut bin, ist mir auch schon aufgefallen, dass selbst ich, Bilder in meine Geschichten eingebaut habe, die sich später auf anderen Ebenen tatsächlich verifizieren, zum Glück aber nicht alle. So war es z.B. mit Namen von Charakteren, die ich mir ausgedacht habe. In einem späteren Lebensabschnitt sind dann Menschen mit diesen Namen tatsächlich in mein Leben getreten. In den 80er und 90er Jahren habe ich die US-amerikanische Seifenoper „Knots Landing" gerne gesehen. In Deutschland wurde diese mit „Unter der Sonne Kaliforniens" übersetzt, tatsächlich übersetzt heißt sie aber „Knoten Landung". 1994 hatte ich z.B. diese Übersetzung in einem kreativen Wettbewerb einfließen lassen, anderseits hatte ich da aber auch schon die Frage, ob wir hier auf Erden in einer Art Soap Opera leben, in der eben die Handlungsstränge Knoten haben, die man lösen möchte. In diesem Sinn sind also für mich 1994 die ersten Knoten gelandet, die ich zunächst kreativ und später auch in erforschender und spiritueller Absicht beobachtet und interpretiert habe. Ebenso ist mir aufgefallen, dass die Zeichen, von denen wir in Interview 12 gesprochen haben, diese die dich lenken oder zu einer speziellen Erkenntnis oder Emotion bringen möchten, nicht nur im Alltagsgeschehen, sondern auch im Unterhaltungssektor erscheinen. Kurioserweise schaust du immer solche Sendungen oder liest solche Bücher, die sehr gut zu deiner aktuellen Lebenssituation passen. Dies oft auch ohne, dass du dich bewusst dafür entschieden hast.

Die „Knoten Landung" ist ja eher eine absurde Variante, aber mir ist aufgefallen, dass oft gerade in diesen absurden Varianten oder Ideen ein Wahrheitsgehalt steckt, der sich an andere Stelle oder auf anderer Ebene für dich verifiziert. Dies reicht bis zurück in deine Kindheit, warum hast du bestimmte Krikel Krakel Bilder so oder so gemalt? Was wolltest du damals ausdrücken, von dem du heute nichts mehr weißt?

Ich bin sehr glücklich darüber, dass sich die Kindergartenmappe aus meiner Kindheit in einem Metallschrank befand, so dass diese durch das Feuer nicht beschädigt wurde. Allerdings kann man den Rauchgeruch an der Mappe auch nach 40 Jahren noch riechen. Daher kann ich euch heute vier s/w Kopien dieser Bilder zeigen ☺

Finde die Bilder interessant. Soll der runde Kreis im Oberkörper der Figuren in Bild 1 und 4 ein Herz sein. Was ist das für ein Fluggerät in Bild 2. Warum hebe ich in Bild 3 die Arme nach oben? Wollte ich größer sein oder zeige ich auf den Himmel. Zaubert der Herr auf Bild 4 Sterne aus seinem Gebilde? Was schwebt über dem Kopf von Person 2 auf Bild 1 und wer ist Person 1?

Meine Frage ist, ob wir im Kindesalter nur Bilder aus den Beobachtungen der Alltagswelt ins außen produzieren oder bringen wir noch von woanders wo etwas mit? Kinder haben oft erstaunliche Ideen. Ich habe mal als Jugendlicher mitbekommen, wie sich zwei Kinder unserer Straße eine Phantasiesprache ausgedacht haben, aber auch wie Worte aus den Mündern von Kleinkindern kamen, die eigentlich besser zu anderen Sprachfamilien passen, als zu unseren. Bis zum nächsten Mal, alles Liebe!

INTERVIEW 17: ZUFALL UND SCHAFFEN, FREIZEIT, KUNST UND MUSIK, FORM UND FARBE UND HARMONIE

Hallo Leute, herzlich willkommen zur siebzehnten Ausgabe von Werhatdieidee – TV. Mein Name ist Silvio Tunnels und heute geht es um die Themen Zufall und Schaffen, Freizeit, Kunst und Musik, Form, Farbe und Harmonie.

Hallo Silvio. Im letzten Interview hatte ich ja danach gefragt, ob ein Leben ohne Drama vorstellbar ist und kam dann zu dem Schluss, dass es durchaus vorstellbar ist.

Es ist einfach so viel, was du im Bereich Freizeit, Kunst, Musik, Unterhaltung, Sport, Natur usw. machen kannst, ohne dass dir langweilig wird. Die Liste an Möglichkeiten ist groß. Es gibt so viel an Literatur und Filmen, das weitgehend ohne Drama auskommt. Du kannst Theater spielen, eigene Filme produzieren, du kannst malen, basteln, werken, ein Instrument lernen, Musik hören, Veranstaltungen besuchen, Museen besuchen, dich weiterbilden, Ausflüge machen, alle möglichen Orte besuchen, die Natur genießen, spazieren gehen, schwimmen gehen, etwas kochen, etwas backen, den Sternenhimmel genießen, den Sonnenuntergang beobachten, Rad fahren, Drachen steigen lassen, Freizeitparks besuchen, die Kirmes, den Zirkus, vielleicht selbst zum Akrobat werden, Geheimnisse der Zauberei und Illusion erforschen, Spieleabende machen, Karaoke, du kannst dein eigenes Lied komponieren oder ein Buch schreiben oder vielleicht ein Comic? Tanze, singe, springe, werde Fotograf, lerne Bildbearbeitung, fahr mit dem Tretboot, Inlineskates oder Schlittschuh, spiele Fußball, Basketball oder mache Leichtathletik, Turnen, Gymnastik, geh Klettern oder genieße eine Massage, mach Geocaching oder Besuch ein Planetarium. Warst du schon einmal in einer Höhle, wie wäre es mit einer Fotorallye oder Schnitzeljagd, Besuch ein Maislabyrinth oder zähle die Blumenvielfalt eines Parks, schreibe eine unsinnige Geschichte, oder Kletter mit nackten Füßen die Badezimmerfliesen in deinem Badezimmer hoch, sofern, die entsprechende Räumlichkeit dies zulässt, bastle Marionetten aus Salzteig oder baue Gebäude aus alten Kartons nach. Wie wäre es mit einem Picknick, laufe barfuß durch das Meereswasser oder bewirb dich auf eine Statistenrolle in Theater, Film und Fernsehen, stell dich vor den Spiegel und mache Fratzen. Oder versuch dich in Land-Art.

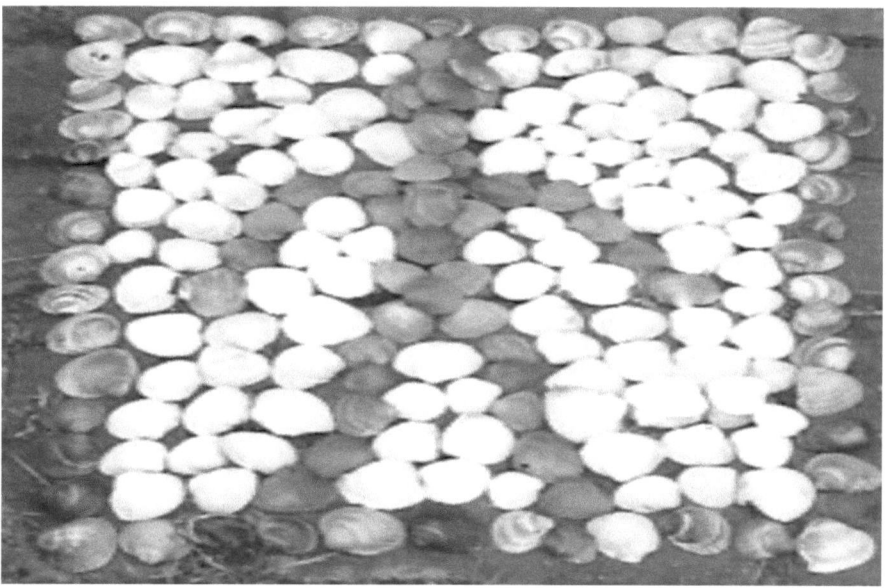

Es gibt so viel, die Liste kannst du noch enorm erweitern und dennoch ist alles dramenlos. Es gibt aber auch fantastische Erfindungen, die meines Erachtens in den nächsten Jahren erst so richtig ihren Durchbruch finden. Die Erfindung des 3D- Druckers finde ich sehr spannend, ich werde da noch warten bis die Teile erschwinglicher werden, aber cool finde ich, dass du dir damit selbst Figuren von dir in 3D herstellen kannst, aber auch gänzlich alle Gebilde, die in 3 D vorstellbar sind.

Ich habe ja auch Comicfiguren entworfen, habe einige davon mit Modelliermasse in 3D geformt, mit dem 3D Drucker könnte ich eine ganze Serie davon ausdrucken lassen und weiter verschenken. Jemand hat mir vorgeschlagen, meinen Primzahlautomaten als mechanisches Gebilde zu entwerfen. Nunja, mit dem 3 D – Drucker kann ich Zahnräder und weiteres dafür ausdrucken lassen. Schon spannend. Hoffe, dass die Erfindung in der ersten Bedeutungskonstitution genutzt wird.

Warum ich den 3D-Drucker hier so hervorhebe hat einen bestimmten Zweck. In diesem Interview geht es ja auch um Zufall und Schaffen. In Interview 3 hatte ich Bezug zu Kurd Laßwitz Kurzgeschichte „Die Universitätsbibliothek" erzeugt und so mein Verständnis des Unterschieds zwischen willkürlichem Zufall und zugefallenem Zufall erklärt. Und zwar hatte Laßwitz in seiner Kurzgeschichte die Größe der Kombinationsmöglichkeiten aus Buchstaben, Zeichen und Leerzeichen in einem etwa 500 seitigem Buch ermittelt und sich vorgestellt, es würde für jede dieser Kombinationsmöglichkeiten tatsächlich ein Buch geben. Dann wäre der Bücherturm nicht vorstellbar groß und würde bis weit in das Universum reichen. Brisant an diesem Bücherturm ist, dass sich in diesem Bücherturm jedes Buch (bis eben 500 Seiten) befindet, dass je geschrieben wurde und aus den Zeichen, die er mit berücksichtigt hat, je geschrieben wird. Der Haken daran ist aber dass im Verhältnis zu den sinnbringenden Büchern ein weitaus größerer Anteil an Büchern zu entdecken wäre, der keinen Sinn macht, in dem z.B. Buchstabenkombinationen des Formats „ghkkfskljhgjkfhkjhkjhljkfhkjlhkjlh" erscheinen. Ungeachtet dessen, dass man diesen Bücherturm nie erreichen und es ist auch kaum möglich, aus all den Büchern nur ein einziges sinnbringendes herauszufinden, weil die Suche eine kaum vorstellbare Zeit in Anspruch nehmen würde. Die Geschichte sagt etwas ganz spannendes aus und zwar zeigt sie, dass Sinnbringendes nur existieren kann, wenn ich einen Plan habe, heißt also ich schreibe selber eine Geschichte, die Sinn macht. Gleichzeitig kann man weiter deuten und sich die Frage stellen, warum es auf der Erde kaum zu findende nicht sinnbringende Dinge gibt, dass bringt mich zu der einzig plausiblen Antwort, dass hinter allem ein Plan steckt und dieser kommt von Gott. Denn wäre die Erde durch einen willkürlichen Zufall entstanden, dann dürfte es eigentlich mehr nicht sinnbringende Sachverhalte geben, als sinnbringende.

Die Idee in der Kombinatorik ist schon faszinierend. In Interview 3 hatte ich ja nur die Kombinationsmöglichkeiten für alle Wörter mit

10 Zeichen aus den 26 Buchstaben des Alphabets berechnet. Das waren 26^{10}, also 141.167.095.653.376 Kombinationsmöglichkeiten, in denen sich alle zehnzeichigen Wörter aus den Buchstaben A bis Z finden lassen. Um eine ganze Seite mit Zeichen zu füllen, und ich gebe hier das mit anderen Worten wieder, was Kurd Laßnitz in seiner Kurzgeschichte geschrieben hat; die auch Zahlen, Groß-und Kleinschreibung, Sonderzeichen, Leerzeichen implizieren, wäre die Zahl an Kombinationsmöglichkeiten extrem größer. Wir gehen also statt von 26 von 100 Zeichen aus. Für eine Seite pro Zeile berücksichtigen wir etwa 65 Zeichenstellen und für die Anzahl der Spalten etwa 35. Dann würde eine Seite bereits 65 x 35 Zeichenstellen umfassen, und das sind 2275. Ein 500 seitiges Buch hätte dann 500 x 2275=1.137.500 freie Zeichenstellen. Diese müssten dann mit den jeweiligen oben genannten 100 verschiedenen Zeichen gefüllt werden, was eine Kombinationsmöglichkeit von bereits $100^{1137500}$ ausmachen würde. Eine unvorstellbar große Anzahl. Dennoch wären in diesem Bücherturm alle Texte von Büchern verborgen, mit Ausnahme derer, die andere Schriftzeichen benutzen, diese wären dann aber dennoch in einer übersetzten Variante zu entdecken. Selbst die Texte von Büchern, die mehr als 500 Seiten umfassen, kommen darin vor, nur sind sie dann eben auf zwei oder mehr Bände verteilt.

Die Idee in der Kombinatorik lässt sich auch auf andere Bereiche übertragen. Wenn wir uns z.B. statt eines Bücherturms einen unvorstellbar großen Stapel an Bildern vorstellen, in dem alle Abbildungen von Bildern vorkommen, die je gemalt wurden und die noch je gemalt werden. Dann könnte man die Anzahl an Pixel, die ein sehr gestochen scharfes Bild hat, das in etwa so groß wie ein Din A 4 Blatt ist, in Kombination zu allen möglichen Farbtönen in allen möglichen Hellichkeits-Nuancen und Deckkraft bzw. Transparenz-Stufen setzen. Wir hätten für ein Bild dieser Größe etwa 500.000 Pixel, um es noch schärfer zu machen, nehmen wir aber mal 5 Millionen Pixel. Die Größe möglicher Farbmöglichkeiten lege ungefähr bei 16 Millionen, wenn wir jetzt noch die Deckkraft und Transparenzstufen mitberücksichtigen wären wir schon bei etwa 1,6 Milliarden Farbmöglichkeiten. Um jetzt alle Kombinationsmöglichkeiten für alle irdischen Abbildungen, die ein Din A 4 Blatt zulässt zu ermitteln, müssten wir also die gewaltige Zahl $16.000.000.000^{5.000.000}$ ausrechnen, eine unvorstellbare Zahl. Die Zahl aufgeschrieben wäre schon gewaltig groß und dennoch hätten wir bei weitem nicht die Größe, die diese Zahl ausmacht, denn eine Zahl ist ja auch nur eine Zusammenfassung von Einheiten 10 entspricht zehn Einheiten und 100 bereits 100 Einheiten. Man muss es so sehen, die 100 hat nur 3 Ziffern, beschreibt aber bereits 100 Einheiten, also in diesem Fall 100 Blätter. Also, würde man tatsächlich die gewaltige Zahl $16.000.000.000^{5.000.000}$ vor sich sehen können, man könnte sich dennoch nicht vorstellen, welche Größe an Einheiten, also Einzelbildern dahinter stecken würde. Dennoch wäre dieser Stapel an Einzelbildern äußerst spannend, denn in ihm wären alle Landschaften, Gebäude, Personen, Zeichnungen, Bilder usw. in den verschieden vorstellbarsten Varianten zu entdecken. Es gäbe Bilder, wo du selbst mal alleine, mal mit allen möglichen Menschen an allen Landschaften zu sehen wärst. Auch die Mona Lisa würde mal lächeln, mal weinen oder dir die Zunge herausstrecken, vielleicht ist sie aber auch mal ein Mischwesen aus sich und Donald Duck. Es gäbe auch die kuriosesten Bauzeichnungen, architektonischen Pläne von Gebäuden, die es gar nicht gibt. Es wären alle Tiere und Pflanzen und auch solche, die es auf Erden nicht gibt, zu entdecken. Es gäbe selbst Abbildungen mit 3 D Effekten und optischen Täuschungen, da wir ja auch die Transparenz mitberücksichtigt haben. Was es hingegen auf den Bildern nicht gäbe, wären Abbildungen auf dem alle Menschen dieser Erde in einem Gruppenbild positionieren. Das liegt daran, weil dann die gewählte Pixelanzahl und die gewählte Bildgröße zu niedrig wäre um das Gruppenbild als solches zu identifizieren. Aber in einem entsprechend großem Format mit entsprechend hoher Pixelanzahl ist auch dies zumindest als Kombinationszahl angebbar, inklusive aller Menschen, die je gelebt haben und noch leben werden. Ja und geschriebene Texte in Druckbuchstaben, in allen möglichen Handschriften und Schriftzeichen sind in diesem Bilderstapel natürlich auch vorhanden, sogar die Abbildung eines Krikel Krakel – Bildes, das du im Kindergarten gemalt hast.

Die Idee lässt sich noch weiter spinnen. Sagen wir mal, du möchtest jeden 90minütigen Film, Fernsehsendung, Dokumentation zunächst als tonlose Variante auf einem imaginären Dateienstapel. Eine Sekunde eines Films besteht aus einer Abfolge von etwa 25 Einzelbildern. Dies wären für die Länge von 90 Minuten 135.000 Einzelbilder. Diese in Kombination mit der oben genannten Zahl unserer Din A4 Blätter würde die Anzahl an Dateien ausmachen, die alle 90minütigen Stumm-Filme ausmachen. Spannender Weise sind in diesen Filmen auch Aufnahmen von dir aus deinem Leben zu entdecken. Es gäbe aber auch Aufnahmen, in denen du als Supermann über die Pyramiden von Gizeh fliegst oder mit einem Tintenfisch Schach spielst. Selbst Fortsetzungen deiner Lieblings Soap Operas wären darunter zu entdecken, alles natürlich ohne Ton, Musik und Sprache, aber eine Kombination mit Ton ist auch möglich. Was Instrumentalmusik angeht, ließe sich die Kombinationsmöglichkeit aller möglichen Instrumente mit Tonfolgen in den verschiedensten Akkord-, Rhythmen und Taktfolgen, Tonfarben, Spielweisen etc. mit Sicherheit auch ermitteln.

Jetzt kommen wir zurück zum 3 D Drucker, denn dieser ermöglicht ja schon das Drucken von Formen. Auch für alle Formen, die in 3 D möglich sind ließen sich Kombinationsformeln erstellen. Statt Pixel sind es jetzt sehr kleine materielle Punkte. Sagen wir mal, du möchtest die Kombinationsanzahl aller 3 dimensionalen Formen, die ein 5 x 5 x 5 Meter Würfel umfasst. Wenn jeder der materiellen Punkte einen Millimeter im Kubik umfasst, bestünde der gesamte Würfel aus 125 Milliarden Punkten. Sagen wir mal, wir nehmen eine materielle Farbsubstanz, die alle oben in unseren DIN A 4 Blättern Farbmöglichkeiten und auch die mit Transparenz, also

Durchsichtigkeit enthält. Dann gäbe es $16.000.000.000^{125.000.000.000}$ Kombinationsmöglichkeiten, in der alle 3D Objekte abgebildet sind, die es so auf Erden gibt und die sich in diesen Würfeln veranschaulichen ließen. Sagen wir mal, man könnte statt der Farbsubstanz auch jedes organische und anorganische Material verwenden, das es auf Erden gibt, dann würdest du in diesem Stapel an Würfeln auch alle Menschen, alle Tiere, Pflanzen, Gegenstände als nicht lebende Kopie entdecken. Es wären aber auch gruselige Mischformen dabei. Und nichts von all dem in diesen Würfeln würde Sinn machen, weil keines dieser Gebilde einen Lebensatem hätte, keinen Antrieb, keinen Geist und keine Seele. Dies obwohl eine imaginäre Kombinationsmaschine alle erdenklichen Formen in 5 x 5 x 5 projiziert hat. Denn eins konnte die Kombinationsmaschine nicht, nämlich wählen oder sich dafür entscheiden, was uns unsere Einzigartigkeit gibt. Sie konnte auch nicht die Inhalte der jeweiligen Würfel in Bezug zueinander setzen und zwar so, dass sie in Bezug zueinander einen Sinn ergeben. So, dass sie zusammen miteinander leben, miteinander kommunizieren, miteinander lachen, miteinander fühlen.

Die Maschine kann allenfalls jedes Formgebilde mit einer individuellen Seriennummer ausstatten, aber das wäre es dann auch. Die Wahrscheinlichkeit, dass wir durch einen willkürlichen Zufall entstanden sind, ist daher meines Erachtens höchstwahrscheinlich noch um vieles kleiner als ein einzelner Sandkorn im Verhältnis zum gesamten Universum.

In Interview 12 hatte ich ja schon Beispiele von Zufällen aus meinem Leben genannt, würde ich alle kleinen und großen aufschreiben und damit meine ich jetzt alle, wo man denkt, das kann jetzt nicht sein, ich würde vermutlich auf mehrere tausend kommen. Dies plus außersinnliche, spirituelle Erfahrungen, Beobachtungen usw. haben mich zu dieser sehr starken Überzeugung gebracht, dass Gott uns erschaffen hat und uns im Leben begleitet. Auch die Anzahl der verblüffenden Anagrammbezugnahmen lässt mich immer wieder erstaunen.

Es ist auch nicht so, dass ich diese Zufälle alle allein erlebt habe, bei zahlreichen waren Freunde oder Bekannte dabei, doch immer andere für die jeweiligen Einzelzufälle, so dass es für diese Freunde oder Bekannte natürlich als einmaliger Zufall erschien. Daher ist es insgesamt schwer zu überzeugen bzw. Dinge zu vermitteln, die weit weg vom Alltagsgeschehen erscheinen. Der eine ist offener dafür, der andere weniger.

Ich habe ein paar Anagramme aus Kunst und Musik mitgebracht.

WANDMALEREI

WAELDERN MAI

WIEDER AN ALM

DA C IN HEILEREM TORS

DA C IN HEILEREM ORTS

DA C HEILERE IN STROM

DA C SEHE MERLIN TRIO

DA C NR SO HEIMLEITER

DA C TEILNEHMER RIOS → RIO (Fluss → Lebensfluss?)

DA C EINEHE IRRST; MOL → MOLL (weich)

DA C ERHEITERN IM LOS

DA C HEILERE IST NORM

DA C HOL REISETERMIN

DA C EINHER LOT REIMS

ROMANTISCHE LIEDER

SERIELL DIEBE

ESELEI BILDER

LEERE BIS LEID

BEEIL SIEDLER

BILDE LEISERE

BIS IDEELLERE

LIEBESLIEDER

LIEBE SIR EDEL

HARMONIE FARBE

HABE ARIEN FORM

ROMAN BEI HARFE

HABEN AMOR REIF

ABER AM OHR FEIN

ABO FAHR REIMEN

HOERBAR AM FEIN

HARMONIE FORM

MIR MONO HARFE

OH FROMM ARIEN

MIR AROMEN HOF

RUNDE SAITEN

STUNDEN ARIE

C DUR TON

DR TUN CO

C DUR NOT

CD NR OUT

GRUNDTONART

TONART GRUND

GOTT UND NARR

DORT TARNUNG

NAGT RUNDTOR

DRANG TOR TUN

TRAT ORDNUNG

DA NUR GOTT NR

REAKTION

KREATION　　　　→ künstlerische Schöpfung

KANTOREI　　　　→ Musikgemeinschaft

GERN BOEGEN

REGENBOGEN

GEB REG NEON　　→ REG (anregen), NEON (Neonlicht)

GEBER G NEON

GONG BEEREN

GEN GEBOREN

GEBARE GESICHT

GEBAR GESCHEIT

REGE GEIST BACH

SEICHT BAGGERE

TRAGISCHE GEBE

BRATSCHE GEIGE

DA HEILERE IM MONO

HARMONIE MELODIE

EI DA HOEREN IM MOL

DA IM MEER OHNE OIL

DA HEINO REIM MOLE

DA OHRE LINIE MEMO

OH IM IDEALE ENORM

IN MEDIA HOERE MOL

OH MODI MALEREIEN

EI OMA IM ERHOLEND

O LIEDERN HEIM OMA

SCHALLPLATTE

PC SALAT HELLT	
PC ATLAS HELLT	
ALL SPACHTELT	
ZU GUTEM SKI	
KEIMS GUT ZU	
SEKT GUMI ZU	
UMZUGKISTE	
ZEUGT MUSIK	
ZAUBERFORMEL	
ZUR FARBE E MOL	
FLORA ZUM ERBE	
ZUR FORM A LEBE	

Micha, du nanntest als Möglichkeit der Freizeitgestaltung auch das Schreiben eines unsinnigen Textes. Was meintest du damit?

Ja, z.B. die trichotomischen Triplizitäten des Triptychons im Vergleich zu zeitgenössischen Triaden und Trilogien.

Und was bringt dir das?

Ja, es geht darum im kreativen Schaffensprozess neue Räume zu betreten. Durchaus auch mal mit Nonsens dafür zu beginnen, wer weiß auf welche Ideen man nachfolgend kommt. Teilweise kannst du aber auch aus dir selbst schöpfen, wobei ich nicht weiß, wie viel davon selbst von dir kommt. Ich habe ja auch mal für zwei Jahre Traumtagebücher geführt. In den Träumen werden dir ja manchmal absolut kreative Geschichten erzählt, auf die du im Wachzustand gar nicht kommen würdest.

Es geht ja auch um Form und Farbe und Harmonie in der zweiten Variante der 2 zu 1 – Relationsformel. Die Frage nach Formen und Farben oberhalb von 3 D –finde ich auch spannend. Wenn wir in den Spiegel schauen oder in den Fernseher, sehen wir ja eine 3 D – Welt die auf einer 2 D – Oberfläche abgebildet wird. Allerdings ist beides nur Illusion, weil wir ja nicht in die Spiegelwelt oder in die Welt des Fernsehens hineingehen können. Eine zusätzliche Dimension wäre ja irgendwie dieser Übergang. Spannende Frage, ob sich sowas auch in real umsetzen ließe. Die andere Frage ist, ob es Farben gibt, die oberhalb denen der Regenbogen – Farben liegen. Unsere Farben sind ja in einem Zyklus, wenn wir über das Neonviolett hinausgehen kommen wir wieder zum Rot. Im Roman „Bodos fantastische Welt" habe ich von Farben im Weltlichen geschrieben, die es auf Erde nicht gibt. Selbst habe ich in Träumen oder außersinnlichen Erfahrungen keine gesehen, die keinen Bezug zu unseren schaffen. Es waren sehr leuchtende neonähnliche Farben, Farben mit keinen Schwarztönen, aber dennoch in den Farbtönen, die ich auch auf Erden kenne. Spannend finde ich den Fakt, dass sich Farben nach unten ja zu schwarz-weiß und Grautönen filtern lassen. Vielleicht befindet sich aber auch auf unseren Farben oder in unserer Wahrnehmung von Farben ein Filter. Wie würden dann Farben aussehen, wenn man den Filter entfernen würde? Es ist nicht vorstellbar, wie sie aussehen, aber es ist vorstellbar, dass es sie geben könnte. Interessanter Gedanke. Aber es ist generell schwierig von etwas kleinem gefiltertem oder auch codiertem auf etwas Größeres zu schließen. Wenn du den Code einer Datei lesen würdest, würdest du auch nicht sofort erahnen, welches Bild oder welcher Song potentiell dahinter steckt. Da ist es auch denkbar, dass unsere Farben nur ein Code für ein umfangreicheres Farbspektrum sein könnten, wer weiß.

Spannend ist auch die Transparenz von Materie. Wenn ich fünf Meter vor einem Baum stehe, erkenne ich diesen nur, weil die Materie im Dazwischen transparent ist. Vielleicht ist sie noch mit anderen Formen und Farben gefüllt, die wir nicht sehen können, und durch die wir uns bewegen können, vielleicht aber auch nicht. Spannend, wenn man wüsste, was tatsächlich hinter all dem steckt.

Was Musik betrifft, hatte ich schon Erfahrungen in Träumen mit Melodien gemacht, die unbeschreiblich harmonisch sind. Wenn du sie hörst, bekommst du ein so enorm unbeschreibliches Kribbeln auf der Haut. Die sind so berührend schön. Im Wachzustand auf Erden habe ich solche Melodien nie gehört, ich wüsste auch nicht mit welchen Instrumenten solche umsetzbar wären.

Wo wir bei Musik sind: Eine Oktave hat ein Seitenverhältnis von 2 zu 1, passt zur 2 zu 1 Relation. Interessant auch der Gedanke, dass Halbtöne auf Tasteninstrumenten schwarz sind und Ganztöne weiß.

In Bezug zur Kunst hört man oft, dass Kunst von Können komme. Wenn man mit seiner Kunst bestimmtes erreichen möchte, dann kann es potentiell von Vorteil sein, bestimmte Techniken zu können. Allerdings hat für mich Kunst mehr damit zu tun, dass das was du schaffst, etwas ist, das dich im Schaffungsprozess glücklich macht. Meines Erachtens ist es durchaus spannend, sich dabei auch Formen zu bedienen, die sich von gängigen unterscheiden, auch wenn das Resultat zunächst als nicht sinnbringend oder unstimmig erscheint.

Ich hatte z.B. mal, als ich 16071 Tage alt wurde, grob hochgerechnet, wie viel Zeit ich in meinem Leben für was verbracht habe. Ich kam dann auf folgendes Ergebnis: 5357 Tage davon habe ich geschlafen, 975 Tage bin ich mit Bus und Bahn gefahren oder habe auf solche gewartet. Bin hingegen aber nur 548 Tage zur Schule gegangen, 201 Tage zur Uni. 26,8 Tage habe ich Wäsche gewaschen, 40, 6 Tage habe ich Geschirr gespült, 583 Tage habe ich Texte geschrieben, 264 Tage habe ich gelesen, 111 Tage stand ich unter der Dusche und 39 Tage in der Badewanne, 88 Tage habe ich auf Geburtstagen verbracht, 146 Tage auf Feiertagsfeiern, 0,2 Tage wurde ich operiert, 4,6 Tage war ich bei Zahnärzten, 2,1 Tage beim Kieferorthopäden, 3,6 Tage bei sonstigen Ärzten, 0,5 Tage bin ich zum Briefkasten gegangen, 439 Tage war ich im Urlaub, 17 Tage im Freizeitpark, 2,8 Tage in der Sauna, 1004 Tage habe ich gegessen und getrunken, 2,9 Tage war ich im Kino, 720 Tage habe ich bei Arbeitgebern gearbeitet, 9 Tage habe ich auf einer Theaterbühne gestanden, 20,8 Tage vor einer Filmkamera und 100 Tage hinter einer Filmkamera, 72 Tage habe ich Videos geschnitten, 190 Tage habe ich Musik gehört, 334 Tage bin ich Spazieren gegangen, 5,2 Tage habe ich renoviert und 10,1 Tage mit Umzugstätigkeiten verbracht, 6 Tage war ich auf Hochzeiten, 61 Tage bin ich Rad gefahren, 1,1 Tage Schlittschuhe, 2,4 Tage Rollschuh, 87 Tage bin ich Einkaufen gegangen, 100 Tage habe ich Zivildienst geleistet, 17 Tage Praktika, 219 Tage habe ich Hausarbeiten geschrieben bzw. gelernt, 0,5 Tage Zirkusbesuche, 227 Tage habe ich telefoniert, 183 Tage war ich im Internet, 7,2 Tage war ich in Museen, 4,2 Tage habe ich Gartenarbeit verrichtet, 1 Tag Zeitungen gelesen, 7 Tage Zeitschriften, 11 Tage habe ich Fußball gespielt und 3,2 Tage Leichtathletik, 18,3 Tage war ich in Kirchen, 1,6 Tage an Flughäfen, 47 Tage habe ich geputzt und so weiter und so weiter. Natürlich sind das nur Hochrechnungen und ich kann bei manchen Einschätzungen absolut daneben liegen, aber dennoch ist eine Tendenz zu erkennen, womit man so alles seine Zeit verbringt. Ob die Arbeit Sinn gemacht hat oder nicht, zumindest hat sie mich in der Zeit, als ich diese Hochrechnung gemacht habe, unterhalten. Aber manchmal lassen sich nachfolgend durch diese unsinnig erscheinenden Dinge Räume erschließen, die möglicherweise an anderer Stelle in kreativen Schaffensprozessen nutzbringend sind.

In diesem Sinne schaffe und entdecke. Ich hatte ja schon in „Bodos phantastischer Welt" viele kuriose Fragen gestellt und thematisiert. So, z.B. dass man, wenn man gleichzeitig mit zwei Stiften schreibt, mit einer Hand in Spiegelschrift schreibt. Was passiert eigentlich und was siehst du, wenn du dich in einer großen Kugel befindest, dessen Innenfläche aus Spiegelschicht besteht? Warum formt das Licht in Bechern und Eimern den Schatten eigentlich immer so, dass er wie ein abgerundetes Herz aussieht? Nämlich immer dann, wenn der Behälter nicht direkt unter der Lichtquelle steht. Keine Ahnung, ob meine Fragen schon von jemand anderem formuliert wurden, aber es ist immer spannend auch die zunächst als unwesentlich erscheinenden Dinge zu beobachten. Bis zum nächsten Mal!

INTERVIEW 18: ÄSTHETIK, KOSMETIK, ERNAEHRUNG, KONSUM

Hallo Leute, herzlich willkommen zur achtzehnten Ausgabe von Werhatdieidee – TV. Mein Name ist Silvio Tunnels und heute geht es um die Themen „Ästhetik, Kosmetik, Ernährung und Konsum". Micha, was ist für dich Schönheit?

Hallo Silvio. Das Sprichwort „wahre Schönheit kommt von innen" klingt zwar abgedroschen, es verliert aber nicht seine Gültigkeit. Schönheit ist für mich eine gewisse Ausstrahlung, die von innen kommt, eine gewisse Herzlichkeit, Güte, Freundlichkeit. Wenn du eine solche ausstrahlst, dann bist du auch von außen hübsch und schön. Ansonsten ist Schönheit ja nur ein bestimmtes Identitätskriterium, das mitschwingt und von Generation zu Generation sowie von Kultur zu Kultur verschieden sein kann. Schönheit wird zwar individuell interpretiert, aber es fließen auch bestimmte Kriterien auf dich ein, die meines Erachtens mit Wiedererkennung oder etwas Außergewöhnlichem zusammenhängen, das dir durch Gesellschaft, Medien etc. als das Schöne suggeriert wird. Manchmal sind eventuell Knubbelnasen modern, manchmal sind es lange schmale Nasen. Insbesondere die Medienbranche orientiert sich beim Casting an bestimmten Typen, die momentan IN sind, erschafft sie andererseits aber auch. Und dies wiederum beeinflusst dich, es ist meines Erachtens ähnlich wie bei der Mode. Ende der 1970er Jahre kam ich zum Beispiel bei Mädchen sehr gut an, weil sie in meinem Gesicht Ähnlichkeiten mit dem Monchicci interpretiert haben. Ich hatte damals recht dunkelbraune Haare und große dunkelbraune Augen. Spannend finde ich die Frage nach der Interpretation von Schönheit auch in Zusammenhand mit dem Goldenen Schnitt oder in Bezug zur Natur. Warum finden wir Koala Bären, Pelikane und Delfine so knuffig? Wir entdecken in dessen Gesichtern sogar eine gewisse Freundlichkeit, Zufriedenheit, die wir bei bestimmten anderen Tierarten nicht entdecken. Schon eigenartig. Tiere, die gefährlich oder giftig sein können, interpretieren wir vielleicht aus diesen genannten Gründen als nicht hübsch, vielleicht hat es aber auch mit den Formen, Farben, Größenverhältnissen, Behaarungen, Bewegungen etc. der jeweiligen Tiere zu tun. Ich habe ein paar Anagramme zum Thema Kosmetik und Schönheit mitgebracht.

MAERCHENBRAUT

TUN ABER CHARME

BUNT EHR CAMERA

UEBER MACHART'N

TRAUMA BRECHEN

HAT CREME BRAUN

NATURA BH CREME

TAUSENDSCHOEN

D SONNT CHAUSSEE

HI SNOB, NE CHIC

SEH CHIC IN BON → CHIC (schick), BON (gut) → wahre Schönheit kommt von innen

SCHEICH IN BON

ICH BON SCHEIN

ICH BIN SCHOEN

RABENHAAR FEE

HAARE FAERBEN

ABER AEHRE FAN → AEHRE (Ähre – Botanik)

AN BEA ERFAHRE	
HEFE AN ARABER	
HAENA FAERBER	→ Henna Farbe
ELEGANZ	
GLAENZE	

Was Kosmetik oder Körperpflege angeht, bin ich mittlerweile zu der Meinung gekommen, dass du selbst auf dich hören solltest, das verwenden solltest, was für dich aufgrund deiner Erfahrungen plausibel erscheint, nicht aber auf das, was dir durch Medien suggeriert wird. So habe ich z.B. gemerkt, dass wenn ich im Winter Lippenbalsam für trockene Lippen verwendet habe, die Austrocknung der Lippen durch die Stifte gerade noch gefördert wurde, da ich ständig mit meiner Zunge an den Lippen geleckt habe, bis sie schon wund war.

Was Hautcreme angeht habe ich ähnliche Erfahrungen gemacht. Wenn ich mal wenig geschlafen habe, Augenringe hatte und gedacht habe, ich würde die Augenringe durch Gesichtscreme wegbekommen, dann hatte es eher den gegenteiligen Effekt, dass nämlich die Ringe stärker wurden.

Beides brachte mich zu der Frage, ob Haut durch Kosmetika nicht schneller altert. Nach 2 zu 1 Prinzip würde ja die Antwort im Naheliegenden bei der Natürlichkeit liegen, würde heißen, besser ohne als mit. Wer weiß...

Ich bin auch nicht davon überzeugt, dass die Haut durch Wasser austrocknet, für den Moment tut sie das, aber dann regeneriert sie sich wieder. Könnte mir gerade vorstellen, dass Wasser die optisch beste Wirkung für die Haut impliziert, eben weil wir ja auch aus so viel Wasser bestehen.

Es gab in meinem Leben aber auch Beispiele, wo ich mich gegen das natürliche Produkt entschieden habe. So verwende ich nach dem Waschen ab und an zur zusätzlichen Gesichtsreinigung Eau de Toilette. Mitte der 1990er Jahre war es in den Medien sehr populär vor der Reinigung des Gehörgangs durch Wattestäbchen zu warnen, da die Watte sich von den Stäbchen lösen könnte und in den Gehörgang kommen könnte. Da ich keine andere Lösung fand, weil alle anderen Methoden den Gehörgang zu reinigen sich mir in meiner Erfahrung nicht als effektiv bestätigten, blieb ich bei den Wattestäbchen. Nun ja, mein Resümee daraus, höre auf deine innere Stimme. Gleiches betrifft auch meines Erachtens die Ernährung und den Konsum. Dein Körper weiß, was gut für dich ist und antwortet entsprechend mit Signalen. Denke mir dass das Zuviel von etwas dabei eine entscheidende Rolle spielt, so z.B. was Zucker oder Fette angeht. Ebenso kennt dein Herz ethisch die Antwort, wenn es um Fragen geht, ob du dich für fleischhaltige Ernährung oder für vegetarische oder für vegane Ernährung entscheidest.

Ich habe ein paar Anagramme mitgebracht, aus denen bzgl. der oben genannten Fragen, folgendes spricht:

SO ADEL KOCH

SCHOKOLADE

ALKOHOL BIER

LIKOER HOL AB

ER LAB OH KILO → LABEN (Speise, Trank)

LOKALE OB IHR

ABO OH KILLER

OH KILLER ABO
_____

TOLLHAUS KOCH

OH OK LACHLUST

AUTSCH HOL KLO

OH ULK ACHTLOS

SCHAUT HOL KLO

TOLL CHAOS KUH

HAUCH LOST KLO   → LOST (verloren)

ALKOHOLSUCHT
_____

QUALM FINDE DIP

DAMPFEN LIQUID

DA MUND PFEIL IQ   → Mundpfeil (Stift?)

NA LEID DUMPF IQ
_____

FETTE FLEISCH

ICH FETTE FELS

ECHT FEST FIEL
_____

AG GLIMMT; LESEN:

NIMMT LEGS, EGAL   → LEGS (Beine)

STIMMLAGE ENGL

LEMMING SET LAG   → redensartlich (wie die Lemminge)

IM MANGEL LEGST

LEMMINGE TALGS

IM MAGEN GELLTS

LANGES GLIMMTE

NAGELS GLIMMTE

GLIMMSTAENGEL

HEROIN LSD

SOLD HIRNE → SOLD (verkauft)

RINDS HOLE

RINDES HOL → HOL (hohl?)

RENTE RAUH ECKT

AKNE RECHT TREU

ER TRAT KEUCHEN

KUR: TEER ACHTEN

KETTENRAUCHER

LAUNISCH KIR

SICH URIN ALK

KULINARISCH

KULI IN ARSCH

WEN SERVICE HERPES

SCHWER VENE PREISE

SPEICHERN VERWESE

PER VERSE SCHWEINE → PER (durch), SCHWEIN (chinesisches Horoskop)

VESPERS ERWEICHEN → VESPER (Zwischenmahlzeit, Abendbrot)

CREWS VERSEHE PEIN → CREWS (Bedienung)

CREW VIEH PER ESSEN → CREW (Mannschaft), PER (durch)

CREW VIEH PER SENSE

ER EPISCH VERWESEN

VERSPRECHEN WEISE

SPRECHE WIE VERSEN

RAUCHEN MACHT

EUCH CHARMANT

ANTIK BOTANIK

INKA AKT BOTIN

ABT ANTIK IN OK

BOT AN INKA KIT

TABAK NIKOTIN

INKA TAT: BIN OK

ANTI AKT BIN OK

KIT IN ABO TANK

TAKT AN BIONIK

ANTIK IN TOBAK
___

ZEIT RAGTE

ETAGE RITZ

REG ZITATE

TAGE REIZT

TETRA GEIZ → TETRA wie Mega, Ultra

AETZT GIER

ZITTERE AG

AG REIZT ET

TEER ATZIG

EI ET GRATZ → GRATZ (kratzt?)

ARZT GI TEE

RAT ZIG TEE

GAERT ZEIT

RATE ZEIGT

GATTE REIZ

RITZE TAGE

ARTETE ZIG

TAETER ZIG

ZIGARETTE

ZUCKER FETT

ZUR FETT ECK

FETT ZU RECK

PFALZ SITTE

SPITZ TAFEL

TAFELSPITZ

PASTE FLITZ

SPATZ FILET

SAFT ET PILZ

AS PILZ FETT   → AS (aß von essen)

ZIPFEL SATT

PLATZT FIES

STEIF PLATZ

STAPFT ZIEL

ZAUN FELD P MOHN

DU PFLANZE MOHN

ZOPF UM HANDELN

LAND ZUPFE MOHN

MAHNEND ZU FLOP

ZAPFEN MUND HOL

NAPF ZU DEM LOHN

MUNDE FLOP ZAHN

HOL MAN ZAPFEND

PLANEND ZUM HOF

OH UMPFLANZEND

HOPFEN UND MALZ

Da ich ja eher jemand bin, der in letzter Zeit ständig irgendwas produziert, seien es Bücher, Filme, Bilder, kenne ich mich aktuell kaum mit dem Thema „Konsum" aus. Daher kann ich nur eine Empfehlung auf einen Kurzfilm geben, der mich sehr beeindruckt und überzeugt hat. Der Titel heißt „Im Namen des Konsums". Du findest ihn auf Videoplattformen im Internet.

An meinem eigenen Konsum Verhalten wäre sicher auch noch das ein oder andere zu verändern. Bis zur nächsten Sendung. Alles Liebe!

Bis bald, liebe Leute!

INTERVIEW 19: MIXED PICKLES

Hallo Leute, herzlich willkommen zur neunzehnten Ausgabe von Werhatdieidee – TV. Mein Name ist Silvio Tunnels und heute geht es um das Thema Mixed Pickles. Micha, was ist damit denn gemeint?

Hallo Silvio. Ja, ich dachte mir, wir machen heute eine Sendung, die einfach quer Beet bestimmte Ideen hervorbringt. Manche sollen Ergänzungen zu vorherigen Themen sein, andere ließen sich möglicherweise nicht so gut den vorherigen Sendungen zuordnen.

Vorab das Wort „SCHLAF" ist ein Anagramm zu „FALSCH" oder umgekehrt, was dieses für einen Sinn hat, weiß ich nicht. Daher der Hinweis, dass in diesem Interview auch Sachverhalte erscheinen dürfen, wo kein Sinn erkennbar ist.

Was mir noch aufgefallen ist, ist z.B., dass es auch manchmal Botschaften in Worten gibt, die zutreffend sind, auch wenn dies nicht über die Anagramme lesbar ist. Wir hatten das schon bei dem Wort „Wort", dass darin der „Ort" steckt. Oder „Hoffentlich" könnte man in „Hof End Licht" um transformieren. Das englische Wort für „Eltern" heißt ja PARENTS irgendwie klingt das auch wie PAAREND, was auch Sinn machen würde. Und dies bringt mich auf eine Idee, die zwar nichts mit der 2 zu 1 Relationstheorie zu tun hat, aber wir sind ja auch bei den Mixed Pickles. Mutter und Vater werden im Plural ja zu Eltern zusammengefasst, auch die Begriffe Großeltern und Geschwister. Aber warum gibt es keine Zusammenfassung für Onkel und Tanten, Neffen und Nichten, Cousins und Cousinen. Aber vielleicht gibt es ja auch solche und ich habe es nur nicht mitbekommen. Insgesamt ist mir aber aufgefallen, dass gerade, wenn es um Familienangehörige geht, sehr schwierige Formulierungen existieren. Der Cousin 3. Grades wäre ein Beispiel. Neulich habe ich erst erfahren, dass man Ur Ur Großeltern auch Alteltern nennt, irgendwie witzig. Umständlich finde ich auch, wenn man von jeweiligen Großeltern jemandem berichten möchte. Um es genau zu beschreiben müsste man immer sagen „mein Großvater mütterlicherseits" oder „meine Großmutter väterlicherseits", warum nennt man sie nicht einfach: „MaOma, MaOpa, PaOma und PaOpa" – Wäre doch so niedlich ☺, statt zu sagen der eine Opa und der andere Opa. Es gibt doch für so viele Sachverhalte Begriffe, da sollte man bei so etwas Wesentlichem nicht mit einer individuellen Bezeichnung sparen, schließlich verdanken wir auch ihnen unsere Existenz.

Ein anderes Thema: Im wissenschaftlichen Diskurs um die Abduktion wurde auch das Phänomen des Ratens hervorgebracht und geschaut, warum man intuitiv so eine hohe Trefferquote beim Raten hat. Es gibt ja auch das oft genannte Bauchgefühl. Ich nenne es Herzgefühl, das meines Erachtens die höchste Trefferquote erzielt. Es funktioniert teilweise bei Quizsendungen, der Haken daran sind allerdings dann Fragen, die nicht mit dem Herzgefühl zu beantworten sind. Im Buch „Ellesab" hatte ich ja geschrieben, „T'AMI" könne in jeder Quizsendung mit seinem Schlüssel Geld verdienen. Dies war ausgedacht. Es ist auch gut so, denn ein Quiz ist eine schöne Unterhaltung und wenn wir dafür den Schlüssel kennen würden, würde das Quiz keinen Spaß mehr machen.

Ich möchte damit sagen, dass Schlussfolgerungen, die ich in diesem Buch gezogen habe, durchaus fallibel sein können. Anderseits stehen die Anagramme für sich. Die Worte aus dem jeweiligen Anagrammcode sind so wie sie erscheinen hervor bring bar. Ich hatte ja schon gesagt, dass, wie es auch das Anagramm zu FEHLER sagt, Fehler HELFER sind. Manchmal sind sie es sehr stark und bringen dich auf eine Spur. Vor Jahren ist es mir mal passiert, dass ich die beiden Liebesgötter der griechischen und römischen Mythologie in einer Diskussionsrunde durcheinander gebracht habe. Ich habe felsenfest behauptet, dass Eros der römische und Amor der griechische sei, dabei ist es umgekehrt. Ich ließ mich von meiner Meinung auch nicht abbringen und dachte alle anderen Teilnehmer der Diskussionsrunde irren sich. Warum ich so davon überzeugt war, lag daran, weil ich gedacht habe ich hätte mir Jahre zuvor eine Eselsbrücke für die Unterscheidung gebaut. Diese orientierte sich daran, dass der Sänger Eros Ramazotti Italien und damit dem Gebiet des Alten Roms zuzuordnen sei. Diese Eselsbrücke gab es aber nie, ich hatte nur stark das Gefühl, ich hätte sie mal irgendwann gebildet. Zuhause sah ich nochmal nach und stellte peinlich berührt fest, dass ich es war, der sich geirrt hatte, also bildete ich eine neue Eselsbrücke. Ich entdeckte eine im Anagramm zu AMOR nämlich ROMA also ROM, und ich stellte auch fest, dass sich aus EROS das Wort ROSE als Sinnbild der Liebe bilden lässt.

Ein Fehler, der sich als spannender Helfer erwies, schließlich brachte er mich mitunter auf die Spur, dass in Anagrammen Botschaften stecken.

Ein anderer Fehler, der mir bei Anagramm Suche für dieses Buch passiert ist folgender. Und zwar wollte ich im Anagramm herausfinden, was im nordsibirischen TUNGUSKA zu Beginn des 20. Jahrhunderts, nämlich 1908 passiert ist. So genau weiß man nicht, ob dort ein Komet oder ein anderer Himmelskörper eingeschlagen ist. Ich wollte also nach einer Antwort suchen, allerdings ohne nochmal den Namen nachzuschlagen. In meinem Unterbewusstsein hatte ich geglaubt der Ort hieße TAMBUSKAR, also untersuchte ich stattdessen dieses Anagramm, das wie folgt aussieht:

TAMBUSKAR

BAUMSTARK

KAUM BARST → BARST (von bersten – auseinanderbrechen)

KARAT BUMS → KARAT (Karacho?)

BRAUST KAM → BRAUST (angebraust)

R KAM STAUB

AM KUR STAB	→ KUR (Erholung)

Interessanterweise beschreibt der Fehler dieses Anagramms eher das, was dort passiert sein könnte, denn unter dem tatsächlichen Ortsnamen habe ich später nichts Erkenntnisbringendes entdeckt, wohl dann in Verbindung mit Nordsibirien.

TUNGUSKA NORDSIBIRIEN	
DEIN IN OBSKUR SIGNATUR	→ OBSKUR (dunkel, unverständlich), SIGNATUR (Unterschrift)
II TON ABRISS ERKUNDUNG	
IRRSINNIG OED SUBKUTAN	→ SUBKUTAN (unter der Haut)
II GRUB DOSIS UNERKANNT	
DUBIOS TRINK SANIERUNG	→ DUBIOS (zweifelhaft, unsicher)
URANS ORT BIKINI GESUND	
IG UDSSR RUINEN BOTANIK	
IG BIONIK RUSSEN TUNDRA	
BIONIK DA RINGES TURNUS	→ BIONIK (Forschungsgebiet von der Übertragung von Naturerscheinungen auf die Technik)

Hier weitere Anagramme, die ich nicht zuordnen konnte:

BLASE EI SLUMS   → SLUM (Elendsviertel)

EI BESASS MULL

ES MUELL BASIS

SALBE SLUMS EI

LAIB MUSS LESE

EL LES AB IS MUS

SLUMES SALBEI → SALBEI (Pflanze z.B. Halsschmerzen)

ELLESABISMUS

LAB LEIM SUSS → SUSS (süss)

SUSS ALM LIEB

SPUELTISCH

SICH STULPE

EPISCH LUST

SPIEL SUCHT

TISCH SPULE → Roulette

SICH SPULTE

STICHE PULS → Aufregung, „Kommt meine Zahl?"

CHIPSE LUST → Spielchips

SCHULE TIPS

HYDRANT VAGER

HANDY VERTRAG

DRAHT REG NAVY

DR NAVY, GEH ART	→ ART (Kunst)
EX CCCCF ORIENTALEN	
CC ELECTRONIC FAXEN	
EX CCCCO LIEFERANT'N	
E ACCENT CIRCONFLEX	

Spannend finde ich auch die Idee in der Kevin Bacon Number. Darin geht es darum, in wie vielen Schritten man über Menschen, denen man so begegnet ist, zu anderen gelangt. Die Theorie vermutet, dass jeder Mensch in sechs Schritten nach der Kette „ich kenne jemanden, der kennt jemanden…" zu jedem anderen Menschen gelangen würde. Dies wurde zumindest, was Schauspieler angeht schon untersucht und darüber, gelangt man meistens mit wenigen Ausnahmen recht rasch in wenigen Schritten zu dem Schauspieler Kevin Bacon. Es gab wohl wenige Ausnahmen. Aber es ist potentiell, dass bei diesen Schauspielern, bei denen man weitaus mehr Schritte benötigt, die Kette dann eben nicht über Schauspieler, sondern über Bekannte funktionieren könnte, wenn man es denn wüsste. Ich habe für mich überdacht, mit wie vielen Schritten ich zu Kevin Bacon gelangen würde. Es wären wohl auf einem Weg fünf Schritte und zwar kannte ich die Schauspielerin *Johanna Bassermann*, die arbeitete unter dem Regisseur und Produzenten der Lindenstraße, *Hans W. Geissendörfer*, dieser kennt auch *Til Schweiger*, weil er ihn in die Lindenstraße eingebracht hat. Til Schweiger hat mit *Michael Fassbender* in einem Film mitgespielt und dieser schließlich mit *Kevin Bacon*. Ich habe noch andere Wege ausprobiert, wobei es sogar potentiell weniger Schritte bis Kevin Bacon sind, konnte das aber nicht verifizieren. Interessant ist, dass im Prinzip jeder der geschätzten 5555 Menschen, die mit mir zu tun haben oder hatten, auf einem Weg ebenso mit sechs Schritten zu Kevin Bacon auskommen würden. Aber auch andere Verknüpfungen sind interessant, so gab ich jemanden schon die Hand, der Queen Elisabeth schon die Hand gab, also wer mir schon mal die Hand gegeben hat. – Allerdings müsste man jetzt das Jahr wissen, wann ich demjenigen die Hand gegeben habe. ☺

Denke mir schon, dass die Kette zu jedem Menschen auf diese Weise recht schnell führen würde, wenn man denn die jeweiligen Kontakte wissen würde. Schließlich hat auch jeder Schauspieler, Familie, Bekannte, frühere Nachbarn, mit Ausnahmen potentiell frühere Schulkameraden, und diejenigen führen wieder zu jemandem.

Das ganze ähnelt auch ein bisschen der Ahnentafel, die ich in Interview 10 besprochen hatte. Ich ging da ja 1000 und 2000 Jahre zurück. Doch ich denke mir, dass du höchstwahrscheinlich im Zeitraum zwischen 200 bis 500 Jahren zurückgehend, bereits Stammväter und Mütter finden würdest, die zugleich auch die Stammväter und Mütter deines Umfelds sind. Vermutlich laufen dir ständig Vetter, Tanten, Onkels und andere, siebten bis zwanzigsten Grades über den Weg. Du weißt es nur leider nicht, weil du eben nicht jeden einzelnen Ast deines gewaltigen Stammbaums kennst. Ich denke mir auch, dass Leute mit dem gleichen Nachnamen, sofern dieser nicht unmittelbar eine Berufsbezeichnung ist, über eine Linie recht nah verwandt sind. Oft entdeckst du auch deinen Nachnamen in anderen Ländern. Da es überall auf der Erde zu Migrationen kam, ist es höchstwahrscheinlich, dass du gerade wenn dein Name eine mittlere bis seltenen Häufigkeit hat, du dann schon bereits wenige Jahrhunderte zurück mit diesen Migranten über eine gemeinsame Linie verwandt bist. Mit Migranten, die aktuell in unser Land kommen, bist du höchstwahrscheinlich so um 20 bis 40 Grad verwandt, das natürlich auf vielfache Weise, vielleicht sind es aber auch nur 5 oder 6 Grad, denn die Anzahl deiner Verwandten in nur 100 bis 200 Jahren ist enorm groß. Bisher haben wir ja nur von der großen Zahl an Vorfahren gesprochen, die deine direkten Linien betreffen, doch auch diese hatten meistens Brüder und

Schwester, die dann auch wieder Töchter und Söhne hatten. Diese sind aber dennoch über einen gemeinsamen UrUr….Urgroßelternteil mit dir verwandt. Da ich dank meiner Vorfahren, heute einen recht gut gehaltenen Stammbaum habe, was bestimmte Linien betreffen, komme ich bei den 64 UrUrUrUrgroßelternteilen auf folgende Geburts-Nachnamen: Thiel, Kursare, Sambale, Baumgart, Krieg, Strese, Rogge, Wegner, Piechotka, Kwasna, Perschke, Rozik, Fehlau, Liedberg, Gulbe, Andreisohn, Feldmann, Krüger, Kann, Klotze, Stefanski, Moczadlowski, Czychelski, Kalinowski, Grabowski und Rulka. Dies sind nur 26 von 64, also etwas mehr als ein Viertel, der Nachnamen, die mir bekannt sind. Die Linie Kursare geht auch noch auf den Nachnamen Pantke bis zur Mitte des 17. Jahrhunderts zurück, ansonsten, weiß ich nichts über die verbleibenden drei Viertel Linien des 4. Großelterngrades. Und dennoch sind unter dem einen Viertel bereits Vorfahren aus den Ländern Deutschland, Polen, Lettland, Russland, Österreich und Schweden dabei. Auch wenn die Geschichtsschreibung nur die großen Wanderungen rekonstruiert hat, so ist es dennoch potentiell, das schon immer quer über die Kontinente gewandert wurde. Nur waren es dann eben Einzelpersonen oder Familien. Es gibt auch noch zahlreiche Nebenlinien, die ich rekonstruieren konnte mit Namen wie Gusz, Fritz, Parkner, Classen, Hübers, Dressler und Muhlmann, dessen Nachfahren zum Teil mit mir verwandt sind, viele in einem 4. bis 8. Grad, aber dennoch verwandt. Ich denke mir, dass wir alle wunderbare Mischungen von Vorfahren aus allen Ländern sind. ☺

Ein anderes Thema, das in die Kategorie Mixed Pickles gut hineinpasst ist das Thema Selbsteinschätzung und Fremdeinschätzung. Die Selbsteinschätzung hat zwar irgendwie auch mit der Selbstreflexion zu tun, ist aber zugleich mit ihr insofern verschieden, weil sie danach fragt, wie ich denke, wie ich auf andere wirke? Interessanterweise entdecke ich dabei immer wieder miteinander konkurrierende Positionen. Doch zunächst zu der Selbstreflexion. Ich selbst habe mich in meinem Leben zureichend bespiegelt und komme zu dem Schluss, dass obwohl ich seit meiner Geburt Michael Thiel bin, sich Micha 1975, Micha 1985, Micha 1995, Micha 2005 und Micha 2015 zueinander erheblich unterscheiden. Zwar kann ich mich, wenn ich an vorausgehende Michas denke, an sie erinnern, weiß was sie so gemacht haben, was sie gefühlt und gedacht haben, dennoch finde ich es schwierig sich in diese hineinzuversetzen, da ich mich durch meine Erfahrungen, Erkenntnisse und Entwicklungen als Micha 2016 fühle. Micha 1975 ist so weit weg, obwohl ich genau weiß, dass ich ein solcher gewesen bin. Andererseits entdecke ich, dass ich Menschen, die ich schon lange nicht mehr gesehen habe z.B. als Micha 1999 sehen, so als hätte ich nie eine Entwicklung durchgemacht. Schon kurios. Meines Erachtens lässt sich die Frage nach dem „Wer bin ich?" ohnehin kaum beantworten, und dies trotz zahlreicher Selbstreflexionen. Letztere sind wichtig, damit man sich aus der Erkenntnis daraus ebenso verändern möchte, wie man sich es wünscht, andererseits wird die Frage kaum beantwortet, denn die Frage umfasst einfach zu viel. Mit ihr schwingt dein gesamtes Leben als Mensch, aber auch vieles dass du nicht wissen kannst, dir kaum vorstellen kannst oder solches was dir einfach im Alltagsgeschehen zu wenig begegnet. Du weißt nicht, wie du wirklich im Innern aussiehst. Wenn du z.B. Röntgen oder MRT – Bilder von dir schon mal gesehen hast, dann siehst du etwas, das so weit weg von dem erscheint, was du morgens im Spiegel siehst. Selbst diese Abbilder geben nicht alles so wieder, wie es wirklich körperlich ist. Wie selten sieht man sich von hinten oder beobachtet sich beim Gehen. Dies betrifft das Körperliche. Noch schwieriger wird es, wenn es um Begriffe wie Seele, Geist, Ego, Wesen u.a. geht. Wer bin ich? In Bezugnahme auf ein Davor oder ein Danach hat man darüber hinaus keine Vorstellung, die man im Hier und Jetzt verifizieren könnte.

Im Alltagsgeschehen wirst du oft gefordert, dich selbst einzuschätzen, oft gelingt es dir auf eine für dich und deine

Mitmenschen zufrieden stellende Art, aber es gibt auch Beispiele, in denen du mit der Selbsteinschätzung absolut überfordert wirst. Bei einem Einstufungstest sollte ich eine Frage beantworten, die ich allerdings nicht mit Worten sondern mit Zahlen beantworten sollte. Schon kurios, denn die Frage lautete in etwa so: Sind Sie jemand der gerne am Schreibtisch arbeitet oder können Sie keinen Moment still sitzen?

Wie soll man eine solche Frage in Zahlen beantworten? Mir gingen Fragen durch den Kopf, wohin diese Frage zielt. Wenn ich keinen Moment still sitzen kann, heißt es, ich bin ein Zappelphilipp. Oder ist damit gemeint, dass ich lieber eine Tätigkeit ausüben möchte, wo ich in Bewegung bin? Ich arbeite sehr gerne während ich mich bewege, kann wenn es nötig ist, aber auch still am Schreibtisch sitzen. Die Auswertung und jetzt sind wir schon bei der Fremdeinschätzung offenbart dann ebenso kurioses. Hast du die Frage mit 1 beantwortet bist du derjenige, der nur am Schreibtisch arbeiten möchte, hast du dich für eine 9 entschieden, bist du der Zappelphilipp und wenn du mit einer 5 geantwortet hast, dann bist du derjenige, der nicht entscheidungsfähig oder zureichend motiviert ist. Im Kontext Fremdeinschätzung hört man im Alltagsgeschehen auch Begriffe wie „Schubladendenken" oder „Supervision". Oft erkennst du dich in den Fremdeinschätzungen anderer gar nicht wieder. Manchmal habe ich sogar das Gefühl, die Fremdeinschätzung anderer über mich seien ihre eigenen Selbsteinschätzungen. So als würden sie sich in mir selbst spiegeln. Es gibt aber auch Fremdeinschätzungen, die sehr hilfreich sein können, meines Erachtens sind es aber nicht die, die dich als Person betreffen, sondern deine Leistungen oder Fehler die du gemacht hast. Dann gibt es aber auch welche, dessen Sinn du nicht erkennst, weil sie dich beleidigen oder verletzen. Im Religionsunterricht der 9. Klasse sollte jeder Schüler jeden seiner Mitschüler auf einem Zettel beurteilen. Zwei meiner Mitschülerinnen hatten mich als nervig bewertet, wodurch ich mich verletzt fühlte. Dies kam dadurch, weil ich es nicht verstanden hatte, eben weil ich mit beiden so gut wie nie etwas zu tun hatte, also nicht wusste woher diese Meinung kam.

An das Rätsel der Einschätzungen schließt sich eine andere Frage, die dahin geht, wofür wir all diese Einschätzungen tatsächlich benötigen. Wissen wir zu wenig darüber, wohin wir gehen möchten? Benötigen wir daher Einschätzungen durch uns selbst und andere? Befassen wir uns zu wenig mit unserem Herzgefühl, das meines Erachtens die Antworten kennt, welches Leben ich mir wünsche, welche Arbeit ich verrichten möchte, welche Hobbies ich ausüben möchte, wie ich sein und handeln möchte.

In Interview 15 hatte ich ja schon die Frage besprochen, was ist angeboren, was ist anerzogen, was ist gelenkt? Spannend finde ich auch die Frage, was wäre wenn ich im Leben an bestimmten Eckpfeilern andere Entscheidungen getroffen hätte. Im Kinofilm „Butterfly Effect" wird das Thema so besprochen, dass dein Leben komplett anders verlaufen wäre, wenn ein Ereignis nicht stattgefunden hätte oder wenn du eine andere Entscheidung getroffen hättest. Was sind Eckpfeiler? Das sind meines Erachtens die Richtungsweiser, die in potentiell andere Richtungen verweisen, manche kannst du nicht beeinflussen, da sie durch Ereignisse oder andere Personen entschieden werden. Letzteres z.B. wenn als Kind deine Eltern entscheiden in eine andere Stadt zu ziehen. Dann gibt es aber auch die Entscheidungen, die du selbst triffst. Spannend ist die Frage, ob du tatsächlich eine andere Wahl treffen kannst oder ob du so gelenkt wirst, dass du nur diese eine Entscheidung treffen kannst. Ein Eckpfeiler meines Lebens war z.B. die Wahl meines Studiums. Ich hatte mich an vier Universitäten beworben, mit unterschiedlichen Fächern. Publizistik in Berlin, Theaterwissenschaft in Erlangen, Theater-, Film- und Fersehwissenschaften in Bochum und Kommunikationswissenschaft in Essen. Nun bekam ich Zulassungen in der Reihenfolge Erlangen, Berlin und Essen. Ich persönlich habe mich recht schnell gegen Berlin und Erlangen entschieden, da es mir beide Städte von Dortmund zu weit weg erschienen. Und da ich keine Antwort aus

Bochum bekam, habe ich mich an einem Montag in Essen eingeschrieben. Jetzt war es aber so, dass genau ein Tag später die Zulassung aus Bochum in meinem Postkasten lag. Eigentlich hätte ich diesen Studiengang lieber studiert, da ich mich aber schon eingeschrieben habe, habe ich es bei Essen belassen. Es hätte noch die Möglichkeit gegeben beides zu studieren. Kommunikationswissenschaft als Hauptfach in Essen und Theater-, Film- und Fernsehwissenschaften in Bochum als Nebenfach. Der permanente Wechsel zwischen zwei Universitäten erschien mir zu umständlich, also blieb es dabei. Durch diese Entscheidung dabei zu bleiben, aber auch dass es irgendwie gelenkt erschien, dass die Zulassung aus Essen eher im Postkasten war, hat sich mein Leben in eine ganz bestimmte Richtung bewegt. Daher die spannenden Fragen, hätte ich wirklich noch die Möglichkeit gehabt, mich anders zu entscheiden, wie wäre mein Leben sonst geworden, hätte ich mich zu dem entwickelt, der ich heute bin, wäre ich den Menschen, den ich durch diese Entscheidung begegnet bin auch durch eine Um-Entscheidung begegnet? Letzteres womöglich nicht auf jede Person bezogen, aber womöglich ist es, dass bestimmte Personen egal, welche Entscheidung du triffst, dir trotzdem begegnen werden, weil sie dann in ihren Entscheidungen so gelenkt werden, dass ihr euch trotzdem begegnet. In spirituellem Kontext erscheint hier der Begriff „Orchestrierung durch das Universum". Wer weiß, die Antwort wird man im Hier und Jetzt womöglich nicht bekommen, aber es macht Spaß darüber zu spekulieren.

ECKPFEILER

LIFE PER ECK → Leben durch Eck

In diesem Kontext finde ich das Thema Schutzengel spannend, denn immer wieder gab es Momente in meinem Leben, wo mein Leben beschützt wurde oder wo ich davor bewahrt wurde an bestimmten Orten zu bestimmten Zeiten zu sein. Ein Beispiel hatte ich ja in Interview 10 genannt. Bis zum nächsten Mal ☺

INTERVIEW 20: RESÜMÉE

Hallo Leute, herzlich willkommen zur zwanzigsten Ausgabe von Werhatdieidee – TV. Mein Name ist Silvio Tunnels und heute geht es um ein Resümée aller vorausgehender Interviews. Micha, wie ist es dir überhaupt während deiner Zeit der Forschung so ergangen?

Hallo Silvio. Danke, dass du fragst. Es war ein gemischtes Erlebnis. Ich hatte schon sehr lange die Idee alle Erfahrungen und Erkenntnisse der letzten Jahre in Bezugnahme zu setzen und in Buchform zu veröffentlichen. Vieles habe ich ja schon in abgewandelter Form in meinem Roman „Bodos fantastische Welt" und in meinem Comicbuch „Ellesab" eingebaut. Hier ist der Anteil von dem, was meiner Phantasie entspringt, insgesamt aber womöglich größer, als jener der mit meinen Überzeugungen zu tun hat. Das allein hat mich nicht befriedigt, ich wollte auch ein Buch schreiben, in dem ich meine Überzeugungen, die ich aufgrund meiner Erfahrungen gesammelt habe einbringe.

Als schwierig empfand ich die Auswahl der jeweiligen Inhalte, aber auch der Anagramme. Vor allem die Anagramme zu geschichtlichen Ereignissen haben mir Schwierigkeiten bereitet. Einerseits stehen meines Erachtens nämlich gerade diese Anagramme mit den Sachverhalten, die zu diesen geschichtlichen Ereignissen passen, in sehr starker Bezugnahme, andererseits erscheinen Anagrammzeilen, die erschüttern. Dann waren da noch die Anagrammzeilen mit vulgären Wörtern. Sollte ich diese mithineinnehmen? Wenn ich sie unterschlage fehlt, womöglich eine Aussage, die aus den Anagrammen sprechen soll, bringe ich sie mit hinein, trete ich womöglich jemandem auf den Fuß, was absolut nicht meine Absicht ist. Schwierige Entscheidung. Ich habe mich dazu entschlossen, einen Teil solcher Zeilen im Buch zu lassen. Jeder mag dadurch selber entscheiden, was er aus dem Anagrammcode liest und wie er ihn interpretiert.

Immer wieder von neuem verblüffend fand ich solche Anagramme und davon gab es viele, die sozusagen genau das erzählen, was auch mit dem gewählten Ausgangsbuchstabencode zu tun hat. Einige aus Interview 13, wo es um Rätsel und Mysterien ging oder das Anagramm zu Perpetuum Mobile haben mich schon sehr verblüfft. Und dann gibt es auch die zahlreichen Anagramme, die offerieren, wo es potentiell hingeht. Auch das Anagramm zu FRIEDEN verblüfft. Nur sieben Buchstaben mit denen sich viele Worte bilden lassen, die in starken Bezugnahmen zu Frieden stehen. Manchmal gab es zwar auch Anagramme mit vielen Buchstaben, aber selbst hier ist interessant, welche Wörter sich in einer Zeile daraus bilden lassen, die dann auch wieder in starkem Bezug zueinander stehen. Die Anagrammsuche hat irgendwie auch Suchtcharakter und zwar aus dem Grunde, du möchtest ja überzeugen, aber wie viele Anagramme reichen dafür aus 100, 500? Ich selbst war anfangs sehr skeptisch, selbst wenn verblüffende Anagramme dabei waren. So richtig überzeugt war ich vor allem bei Entdeckung der geschichtlichen Anagramme. Hierbei musste ich ganz schön schlucken, denn das hatte ich nicht erwartet. Bei den Anagrammen zur Schöpfung z.B. dachte ich, ja gut in den Anagrammen stecken grundsätzliche Botschaften, die uns Gott im Anagrammcode mitgegeben hat, aber bei den geschichtlichen Anagrammen war es etwas anderes. Wenn die Kombinationsmöglichkeiten der Buchstaben die Sachverhalte der geschichtlichen Ereignisse schon von Anbeginn voraussagen, dann stimmt entweder etwas nicht mit unserer Vorstellung von Zeit oder aber die Ereignisse sind schon längst geschrieben worden. Vielleicht verifizieren sie sich dann, wenn für etwas ein Wort oder Begriff formuliert wird. Womöglich ist es auch eine Kombination aus beiden Ideen. In dem Sinne, wenn du den Weg gehst bzw. das Wort schaffst, dann folgt das, gehst du einen anderen Weg, also schaffst du ein anderes Wort, folgt stattdessen das.

Ich habe einen starken Glauben an Gott, ja auch eine sehr starke Überzeugung und ich empfinde eine starke Liebe zu ihm, ich hatte ja schon von bestimmten Erfahrungen berichtet, wobei ich aus persönlichen Gründen, jedoch viele auch nicht mit ins Buch genommen habe, aber der Aspekt mit der Zeit hat mich tatsächlich sehr irritiert.

Ich habe mal eine witzige Idee gehabt, was eine Zeitreise betrifft, auch wenn diese nur auf emotionaler Ebene stattfand. Und zwar bin ich Mitte der 1970er Jahre einmal schlafgewandelt, ich lief zum Telefon und wollte unbedingt mit jemandem telefonieren, von dem ich innerlich spürte, er würde mich anrufen wollen. Ich habe nie erfahren, mit wem ich da telefonieren wollte. Aber im Jahr 2014, also um die vierzig Jahre später, kam ich auf die Idee, mich auf der imaginären Ebene selbst anzurufen. Ich habe mir also vorgestellt Micha 2014 würde Micha 1975 anrufen. Micha 2014 weiß ja schon, was bis 2014 kommen wird. Also rief ich mich an und sagte Micha 1975, er brauche sich keine Sorgen machen, er müsse nur vertrauen. Vielleicht hat dies Micha 1975 ja tatsächlich tief in seinem Innern gehört, wer weiß…, vielleicht hat es ihm geholfen bestimmte Lebenswege so und nicht anders zu gehen. Doch zurück zu diesem Buch.

Interessant ist auch, was die Forschung in dem Moment mit mir gemacht hat, sobald ich mich dran gesetzt habe, um etwas zur 2 zu 1 Relationstheorie zu schreiben oder Anagramme zu erforschen. Dein Tagesablauf ist ähnlich, wie der von vielen anderen, du gehst einkaufen, triffst dich mit Freunden, gehst arbeiten, machst Musik oder sonst was. Und in dieser Zeit bist du in der Welt, die du als Michael Thiel im Hier und Jetzt als vertraut empfindest. Dann kommt aber der Moment, an dem du entscheidest, heute arbeite ich mal am Buch weiter. Und irgendwie tauchst du in eine komplett andere Welt ein, die dir auch irgendwie vertraut ist, die sich aber von deiner Alltagswelt so stark unterscheidet. Irgendwann beendest du deine Arbeit für heute, dann dauert es noch ein paar Minuten und Schwupps bist du wieder in der Alltagswelt. Die Wechsel sind echt krass, irgendwie wie bei Alice im Wunderland. Mitunter gehst du dann schlafen, träumst und bist schon wieder in einer Welt, die irgendwie eine Welt ist, die zwischen beiden Welten liegt. Es hat wohl damit zu tun, weil das Buch eine Relation aus Forschung und Glauben erzeugt.

Was auch noch zu meiner Erfahrung in Bezug zur 2 zu 1 – Forschung zählt, ist das Gefühl, dass diese Arbeit tatsächlich zu meiner Aufgabe, zu meinem Lebensplan dazu gehört, warum auch immer. Zu diesem Schluss kam ich, weil ich ja bestimmte Erfahrungen und meines Erachtens auch Entdeckungen gemacht habe. Zunächst dachte ich, okay, die Erfahrungen sind nur für mich bestimmt, in der Weise, Vertrauen in Gott zu bekommen. Doch irgendwann hatte ich ja schon dieses Vertrauen und diese Überzeugung, warum habe ich dann noch weiterhin bestimmte Erfahrungen gemacht und bin dann zu bestimmten Erkenntnissen gekommen? Ich bekam also das Gefühl, es in irgendeiner Weise zu teilen. Die Erkenntnis über die zwei Bedeutungskonstitutionen im Teekessel und eben das Anagramm in meinem Namen HEIL T(Tee), haben das Gefühl irgendwie bestätigt. Hoffe, dass ich meiner Aufgabe, eine Empfehlung dahin gehend zu geben, wieder mehr zurück zur ersten Bedeutungskonstitution zu kommen, hier gerecht geworden bin. Bis zum nächsten Mal!

Tschüss!

INTERVIEW 21: EIN WEG ZURÜCK

Hallo Leute, herzlich willkommen zur einundzwanzigsten und letzten Ausgabe von Werhatdieidee – TV. Mein Name ist Silvio Tunnels und heute geht es um das Thema „Der Weg zurück". Micha, was ist damit gemeint?

Hallo Silvio. Ja, erstaunlich wir sind jetzt bei der 21. Ausgabe und die 21 lässt sich auch in das 2 zu 1 der Relationstheorie unterteilen. Mit „Weg zurück" ist das Zurückkommen in die erste Bedeutungskonstitution gemeint. In den Anagrammen gab es schon des öfteren Anleitungen dafür. Ich habe eine ganze Reihe an Anagrammen mitgebracht, die einen Vorgeschmack auf das Danach offerieren. Sehr schöne Botschaften, wie ich finde, es sind nur wenige dabei, die als Jetzt – Zustand nicht schön lesbar sind, aber dann doch zeigen, wohin es gehen möchte. Ansonsten offerieren viele etwas Traumhaftes und Wunderschönes.

BACH TEILT IRRE

AB LICHT REITER

ABTEIL RICHTER

ART LIEB RIECHT

LICHTARBEITER

WECHSELT IN

SCHEINWELT

SICH WELTEN

LICHTWESEN

WESENTLICH

´CH STEH FERN OFEN

H FRECHSTEN FOEN

´CH OFT FERN SEHEN

SEHN RECHT OFFEN

HOF FENSTERCHEN

OH ENTFERN FESCH → FESCH (hübsch)

HOFFE STERNCHEN

NOCH TREFFEN SEH

NOCH EHEN TREFFS

WICHT STACHELN

WATSCHEN LICHT

WEN LACH STICHT

SCHLAWITTCHEN

WEN TAL SCHICHT

WEN TAT SCHLICH

WEN SCHACH LITT

ACH NICHTS WELT

NACHWELT SICHT

SCHWAN LICHTET

WC ES NAHT LICHT

SAHNT CHIC WELT → CHIC (schick)

SCHWAN LEIHT CT

HEILST WC NACHT

WACHST LICHTEN

FERN TELEVISION   → TELEVISION (Fernsehen)

VON SEIN LIEFERT

REISEN T'FON LIVE

EINST LIVE FOREN

VON FEINERE STIL

FEINEN VORTEILS

FENSTER VIOLINE

IN VERS FEILE TON

INFO REISEN VELT   → VELT (WELT)

ES SEI IN SINNE EINS

EINS EINS EINS EINS

SEIN SEIN SEIN SEIN

WIR HEIDE DA TEE

EI WIE DA DREHTE

DA IDEE EHR WEIT

HIER EI DA TWEED   → TWEED (Gewebe mit zwei Fäden gewebt)

ADDIER EHE WEIT

234

DR EHE WIE DATEI

WEIHT ADER IDEE

WER HAT DIE IDEE

GOLDENER VORHANG

OH DAVOR GR ENGELN → GR (groß)

DAVOR GEH'N ORGELN

VORGANG ERHOLEND

ZIMT ORT HINHOEREND

IHR IN ROTZ METHODEN

HINTER DEM HORIZONT

HORIZONT MITDREHEN

ZIEH THRON IM TOR END

ICH REIN ENSEMBLE → ENSEMBLE (Gesamtheit)

EIN LIEBER MENSCH

INNEREM SEE BLICH

BESINNLICHE MEER

LEBE SINNREICHEM

ICH MEINER SELBEN

ICH INNEREM SELBE

INSELCHEN IM ERBE

HELLSICHTIGE FORM

FOLGE MIR SEH LICHT

HILF STROM; GLEICHE

IM GESCHILLERT HOF

GLEICHEM ORTS HILF

GLEICHEM TORS HILF

GLEICHEM FROH STIL

MOEGLICHSTER HILF

ERMOEGLICHST HILF

FLOGST HEIMLICHER

EHELICH FOLGST MIR

FOLGST IM EHRLICHE

HILF GERECHT IM LOS

LEGST MIR HOEFLICH

LEGST IM FROEHLICH

REIFLICH GEHT'S MOL → MOLL (weich)

LOS HELF RICHTIGEM

FREI GEH MOL LICHTS
_____

DU FRECH KIT ´LEIN

RUF LEICHT KINDE

U LICHTEND REIF K

FREUNDLICHKEIT

UNSERER LEBENSPLAN

AB ERLESEN RENN PULS

ERLESEN SPUR NABELN

NABELN NR SPUR SEELE

UNS LESBAREN PERLEN

NR UNS SELBER PLAENE

AUSERLESEN ERB PLNN → PLNN (Plan?)

UNS NR ERB PLAN SEELE

SAUBER SEELE NR LNNP

ANS LERNEN LEB SPUER

LIEBE AMTMAENNER

BEAMTN MALEREIEN

AB REIMEN ET MALEN → ET (und)

EIN MEEREN ABMALT

MAMA EBENEN LEIT'R

MAMA REBEN TEILEN

AB MANIER ELEMENT → MANIER (Stil, Art und Weise → Kunst)

AB MEIN LERNE ATME

AB MAL INNEREM TEE

AB TAL MEINEN MEER

AM REINEM NABEL E.T.

BE REALTIME NAMEN → BE (SEIN), REALTIME (Echtzeit)

MAIL NR METAEBENE → META (Ziel)

LIEBE IST BEDINGUNGSLOS

DEINIG IST BELEBUNGS LOS

LOS BELEBT DU INNIGS SIEG

BIBELS END LOS GING ETUIS

ES GING LOS BIBELSTUDIEN

GUETIGS LOS IN BIBELS END

BLEIBE UND STEIGS G IN LOS

LOS GUETIGS INS EBENBILD

EBENBILD TEIGIGSLOS SUN

LOBES LIES BINDUNG SIEGT

SO EILIG LEB BUNTS DESIGN

BIBELSSEITE DU GONGS NILS

LIED EINS BEGIBTS LOSUNG

BON GUTS SELBIG DES LINIE

IDEE GIB SONNIGSTE BUS LL → BUSSL (Küsschen)

MANCHEM DER MUSEEN LOT

MACHER MONDE LESEN MUT

DENEN MUMM HOER CASTLE	→ CASTLE (Schloss)
AN LEUCHTENDEM SOMMER	

ERDSCHATTEN FUN FT	→ FUN (Spaß)
DENN E.T. FRUCHTSAFT	
FREUNDSCHAFT NETT	
NACHTS FREUND FETT	
CD F TT STERNHAUFEN	
FUN TT DACHFENSTER	
´CH NEST FUNF ADRETT	
´CH DATEN STERN TUFF	
SANDTET RECHT FUNF	
AUCH DNS TREFF NETT	
NACHTS FREUND FETT	
TAUCHT DNS TREFFEN	
FACH ERNTEND STUFT	
FERN DUFTEST NACHT	
NR EDEN TUT SCHAFFT	

ERLEBNIS DER SINNE	
REN INNERES BILDES	→ REN (renne)
BIN DER INS ERLESEN	→ BIN (ich bin)

OHNE SATANE FLUCH

ACT A FUEHLEN SOHN

ANLAUF HOECHSTEN

ETHOS NACHLAUFEN → ETHOS (ethisches Bewusstsein)

NACH HAUS TELEFON

MICH REIM IN BIBEL

BIB REINLICHEM

ICH BIN IMMER LIEB

MIR IM BI LEIBCHEN

BIN ICI ERB HIMMEL → ICI (hier)

DA BIBELN

ABBILDEN

DIN BABEL → DIN (Norm)

LEB IN BAD

MOMENT DES TODES

DOM MESSE END TOT

DEM MOTTOS EDENS

AN UHR DA GEHN FORT → GEHN (gehen)

DA GEH RUF AN THRON

NAHTOD ERFAHRUNG

DRAUF NAH GEHN TOR

RANDNAH GUTE FROH

SATANE FEHDE TURM

A DA NEHME FUTTERS

RATSAME ENDET HUF

A DA MUEHT FENSTER

ES HUT DATENFRAME

EUER STANDHAFTEM

ADAM FESTEREN HUT

DAMENHAFTES TUER

A DA FEE STEHN TURM

A DA FEE SEHNT TURM

A DA MUT FERNSEH E.T.

A DA MEHR STUFEN E.T

DEM E.T. AUSFAHRTEN

RUM HAFENSTAEDTE

EHRT ES AUFATMEND

A DA FEE TUNS MEHRT

A DA FEE NETT RUHMS

A DA EHRT UM FESTEN

A DA THEMEN FREUST

A DA THEMEN FUERST

A DA MUNTERES HEFT

A DA HEFT UM STERNE

A DA MEER NETT HUFS

ER STUFT ADAM EHEN

DARAN STEHT UM FEE

DEUT ES NAMHAFTER

ES DREHT TAUFNAME

DER AUFNAHME TEST

TRAUMHAFTES EDEN

ERDWAERTS B HAUS

DU SEH ES WARTBAR → wertbar, wertvoll?

DREHT WASSERBAU

A DA BEWUSST HERR

BADEWASSER RUHT

DU HERRS AB ETWAS

ABSURDESTE WAHR

DAS HURRA WEBT ES

DAS WAS BERUEHRT

MACHER IN WELTALL

MIR ALLE NACHWELT

ALL AM WELTREICHN

IN WELTALL CHARME

WILL ALT MAERCHEN

LEHNT CAMERA WILL

WEILERN ALLMACHT

ACH MIR WELLENTAL

MACHART WELLE NIL

WER CALL TEILNAHM → CALL (Ruf)

WARM LICHT ALLEEN

ALLE WARM LICHTEN

WIR LAECHELN MALT

WER MIT ALL LACHEN

HARMLOSE

ERHOLSAM

WIR SIND VERBUNDEN

BUENDNIS WIRD NERV

WIR INS END VERBUND

SINNE WIRD VERBUND

In Interview 8 hatte ich von einem Zyklus gesprochen, durch den die Menschen gehen. Falls es einen solchen gibt, denke ich mir, dass dieser gebrochen ist, alles nun nach oben hin für uns offen ist, wenn wir es denn möchten. Wir haben die Möglichkeit in

243

Frieden und Harmonie zu leben, dies spricht in den Anagrammen. Dies zunächst auf Erden und im Danach, so wie ich glaube in einem Garten Eden. Dieser ist meines Erachtens nicht so vorstellbar, wie er denn wirklich seien wird. Menschen mit Nah-Leben nach dem Leben – Erfahrungen durften womöglich einen Vorgeschmack von der Welt im Weltlichen bekommen. Ich glaube diesen Menschen und es ist nicht alles wissenschaftlich erklärbar. Es gab auch Blinde mit solchen Erfahrungen, die nachfolgend schilderten in dieser Erfahrung wieder sehen zu können, woher kommen diese Bilder?

Es gibt Dinge, die wir mit unserer Wahrnehmung nicht fassen können und in unserem Denken nicht erklärbar machen können. Dies erkennst du vor allem in den Paradoxen. Wir können uns weder ein Nichts vorstellen, noch ein Etwas, das aus einem Nichts entstanden ist. Wir wissen nichts über Endlichkeit und Unendlichkeit im höheren Sinn oder über Zeit. Wir wissen auch nichts über eine erste Ursache, können uns also nicht vorstellen, wie alles entstanden ist, denn selbst wenn wir eine Ursache erzeugt haben, fragen wir nach einer weiteren. Die Antworten für diese Dinge sind daher höchstwahrscheinlich in etwas zu finden, das wir mit unseren Denkinstrumentarien als Mensch nie erzeugen können. Es ist meines Erachtens etwas, was darüber hinausgeht.

In der Schöpfung unserer Erde und unseren Lebens ist eine Multidimensionalität zu entdecken. Es ist alles so fein und passend aufeinander abgestimmt, etwas dass wir selbst nie in der Art und Weise auch nur annähernd als Mensch erfassen oder schöpfen können. Was wir hingegen können, ist die Bereitschaft entwickeln diese Multidimensionalität anzuerkennen, sie schätzen zu lernen und in ihr unseren Unterricht bzw. Oberricht zu erkennen, der uns lehren möchte in die erste EINS und SEIN bringende, harmoniebringende Bedeutungskonstitution zu kommen. Da sich bereits diese Multidimensionalität im Hier und Jetzt durch das Erkennen offeriert, ist es darüber hinaus genauso potentiell, dass diese in Möglichkeiten an Farben, Formen, Musik und vielem anderen weitaus übertroffen wird, als wir es je vermuten würden. Hieran knüpft sich auch die Frage nach der Reizüberflutung. Was wird im Danach passieren, werden wir in einem Seelenkörper Stück für Stück an diese neuen Phänomene herangeführt? Oder werden Erinnerungen zurückkommen von etwas, das schon immer zu uns gehörte? Im Prinzip sind solche Fragen für das Hier und Jetzt nicht entscheidend, wenn es so weit ist, ist es soweit, alles hat meines Erachtens eine göttliche Ordnung und ein göttliches Timing. Wichtig erscheint mir im Hier und Jetzt das Leben zu leben und zu lieben, Dinge, die mit deinem Herzgefühl in Widerspruch stehen zu verändern. Wenn es dann nicht sofort funktioniert, brauchst du meines Erachtens auch nicht sofort mit dir zu hart ins Gericht gehen. Womöglich hast du dich in deinem Seelenplan für einen Weg entschieden, der nicht gerade verläuft. Dafür gilt meines Erachtens: zu verstehen und zu akzeptieren und daraus zu lernen. Je nachdem, was in deinem Seelenplan geschrieben ist, du wirst eine neue Chance bekommen, ihn zu erfüllen. Bei der einen Seele steht womöglich eine kleine Aufgabe im Seelenplan, bei der anderen eine komplexere. Wir wissen es nicht, aber was auch geschieht, es wird seinen höheren Sinn haben. Daran glaube ich.

Ich hatte mal einen Traum, da schwebte ich von der Erde davon. Im Universum sah ich vor jedem Planeten so etwas wie eine große Feengestalt. Jede begutachtete kleine goldene Lichtpunkte auf den Planeten. Im Traum überlegte ich, ob diese goldenen Lichtpunkte auf den Planeten immer dann entstehen, wenn sich ein Wesen dort zu einem besonders liebevollen und friedvollen Wesen entwickelt hat. Ich schwebte auf eine wunderbare Naturlandschaft zu, die nur den Anfang von etwas wunderschönem ausmachte.

In diesem Sinne wünsche ich Euch alles Liebe und Gute und danke Euch, dass ihr Euch für meine beiden Bücher entschieden habt.

Und jetzt machen wir Musik?

Sehr gerne.

Bücher von Michael Thiel:

Herstellung und Verlag:
BoD - Books on Demand, Norderstedt
ISBN 978-3-7412-4212-0